U0116723

成長的哲學課

自我與人生的思考

梁光耀　著

商務印書館

成長的哲學課 —— 自我與人生的思考

作　　者：梁光耀
責任編輯：蔡枧音
封面設計：涂　慧
內文插畫：梁光耀
出　　版：商務印書館（香港）有限公司
香港筲箕灣耀興道 3 號東滙廣場 8 樓
http://www.commercialpress.com.hk
發　　行：香港聯合書刊物流有限公司
香港新界大埔汀麗路 36 號中華商務印刷大廈 3 字樓
印　　刷：盈豐國際印刷有限公司
香港柴灣康民街 2 號康民工業中心 14 樓
版　　次：2020 年 7 月第 1 版第 3 次印刷

ISBN 978 962 07 5725 9
Printed in Hong Kong

目　錄

前　言

本來是想寫有關孔子思想的書，但編輯反建議不如寫一本給青少年讀的哲學書，我當時的反應有點猶豫，心想青少年有興趣嗎？但更重要的是，他們真的懂嗎？後來有朋友對我說，青少年也會思考哲學問題，哲學可以深有深寫，淺有淺寫。他的話也有些道理，於是我回顧一下自己的中小學時代，嘗試找一些跟哲學相干的問題或經歷，其他青少年可能跟我一樣，也有類似的經驗。寫作此書的主要目的就是提供一些指引及個人見解，以作參考，也希望讀者可以感受到智性上的樂趣。

本系列分兩冊，此冊的重點在於探討自我和終極的問題，涉及世界觀和人生觀等議題；下冊則主要討論跟他人和社會有關的問題，側重於處世接物方面。此冊有 12 個題目，有些關係比較密切，可分成三組，思考、學習、語言和時間一組，思考和學習都要通過語言，思考和學習都需要時間，而思考和學習兩者也是相輔相成的，正如孔子所說："學而不思則罔，思而不學則殆"。另外，死亡、宗教、自殺和恐懼為一組，我們最大的恐懼就是對死亡的恐懼，自殺的結果正是死亡，而宗教則是死亡的專家，告知死後的去向；最後一組是人生、自我、自由和善惡，涉及自處之道，人要先有自由，才能定下人生目標，發展自我，但也要有一定程度的道德限制，所以亦需判斷是非善惡。

梁光耀
書於沖繩名護
2016 年 12 月 7 日

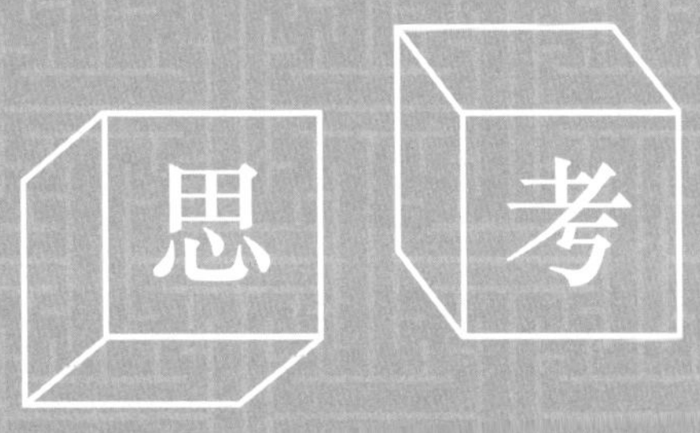

"我就是我的思想，每一個人都會成為他思考的存在"

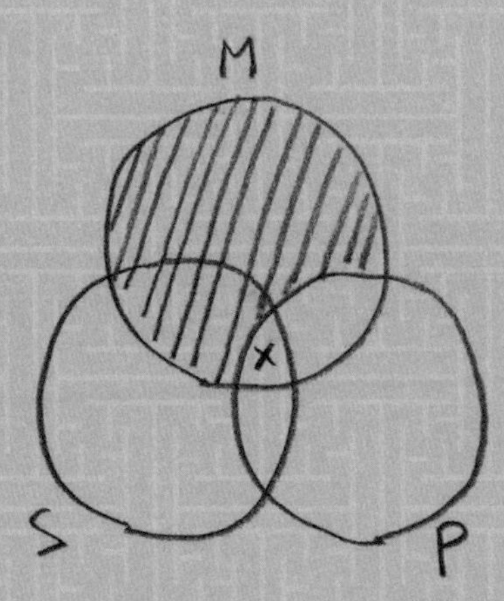

記得讀小學五年級時，有一位黃同學很認真地對我說："人人都是自私的，不是嗎？每個人其實都想考第一。"當時我感到很困惑，的確大家都想考第一，人人都是為了自己，但又好像不是每個人都是自私的。

如果我們能夠釐清“自私”這個概念，那就可以消除以上的困惑。根據一般的用法，“自私”是指損人利己的行為，或者是只顧自己的利益而不理會他人的死活，人人都是為了自己不過是“自利”，但自利不一定是自私。黃同學不自覺地改變了“自私”的意思，犯了“概念扭曲”的語害。小學時另一個困擾我的問題也是跟字詞的意義不清有關，當時我住在公共屋邨，第一層樓叫做“地下”，第二層樓就是二樓，但學校的第二層樓卻是一樓；換言之，“二樓”在我所住的大廈即是第二層樓，而在學校則是指第三層樓，後來才知道只是中西文化叫法的不同，也可以說這是“歧義”，即同一個字詞有多過一個以上的意思，困惑也隨之消除。

語害

語害是由李天命先生提出來，是指有害確當思考的言辭，共有三大類，每個再細分為兩小類。

語害	[illegible]		分類
言辭空廢	真，但是多餘	▷	絕對空廢（空廢命題） 相對空廢
語意曖昧	意義不明	▷	語意虛浮（輕微者） 語意錯亂（嚴重者）
概念滑轉	在不同意思之間遊走	▷	概念混淆 概念扭曲

004 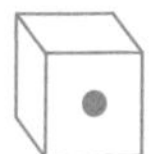

釐清是思考的第一步

其實人生中很多困惑都是源於語意不清，單單澄清有關字詞的意義就可解決。當然，亦有不少問題不是單憑釐清意義就可解答，但釐清意義卻是解答問題的第一步，例如"人生有甚麼意義？"這個問題。很多人以為這個問題很"深奧"，原因可能就是根本不明白這個問題的意思，又或者是這個問題有好幾個意思，容易令我們在這些不同意思之間遊走，以致思考混亂，這正是語意不清所造成的困擾。由此可見，思考的一個要點就是"清晰"。

善於釐清關鍵的概念，將大大提升思考的能力。不過，一般來說，表達意義的基本單位是語句，不是字詞或概念，縱使語句是由字詞所組成。語句有着不同種類的意義，對批判思考來說，最重要的是"認知意義"，即具有真假可言的語句，也稱為"判斷"，分為三類：分析判斷、事實判斷、價值判斷。分析判斷單憑分析語句的意思就可判定其真假，無需驗證，例如"紅花是紅色的"；事實判斷的真假要訴諸觀察、研究或調查，例如"金屬遇熱會膨脹"；至於價值判斷，則必須提出理由來支持或反對，不單單取決於經驗證據，例如"安樂死應該合法"。

明白了判斷三分之後，就容易知道用甚麼方法來判定語句的真假，不會浪費時間；也不會混淆不同的判斷，以致思考混亂。如果分析真句冒充事實判斷的話，那就是"空廢命題"，犯了"絕對空廢"的語害，例如天氣預測說："明天下雨或者不下雨。"天氣預測本應有經驗內容，但這句話明顯是分析真句，毫無信息可言。有時我們也容易混淆事實判斷和價值判斷，例如“人有人權”，貌似事實判斷，實質乃價值判斷，真正的意思是“人應該有人權”，沒有任何經驗證據可以證明其為真，我們必須提出理由來支持，如“為了保障人的尊嚴”。

判斷三分法

▷	分析判斷	例子：阿媽是女人
▷	事實判斷	例子：太陽由東面升起
▷	價值判斷	例子：偷竊是錯誤的

推論是思考的主體

釐清概念、澄清判斷固然重要，不過，“推論”才是思考的“主體”。其實我們每天都進行了數不清的推論，只是不自覺而已，推論是一種心理活動，如果用語言或文字陳構出來的話，就是“論證”，論證由前提和結論所組成，從前提推出結論就是推論，而研究論證的學科叫做“邏輯”。狹義的邏輯是指演繹法，廣義的邏輯則包括歸納法。演繹法涉及必然性的推論，如果前提為真，結論必然為真。例如：“所有金屬都是導電體，銅是金屬；因此銅是導電體。”歸納法涉及概然性的推論，如果前提為真，結論很有可能為真，但並非必然為真。例如：“大部分末期癌症患者都活不過五年，A 是末期癌症患者；所以 A 很有可能活不過五年。”明白了演繹和歸納的分別，對提升思考能力會有很大的幫助，也容易識別錯誤的推論。

所謂錯誤推論是指前提推不出結論，並不是説前提為假，很多人會將這兩點混淆，並且傾向先判定前提的真假，反而少注意前提和結論的關係，有些人還以為若前提為真，結論就必定成立。評價論證時，要將這兩步區分清楚，第一步是判斷論證的強度，即前提對結論的支持程度，暫時不需理會前提的真假，我們先假設前提為真，然後看前提對結論的支持程度；第二步才判定前提的真假。這樣做有兩個好處，第一是避免以上先判斷前提真假所產生的問題；第二是若發覺前提不足以支持結論的話，也用不着進行第二步，這樣可以節省不少時間，因為有時判定前提的真假要花很大的工夫。

如何評價論證

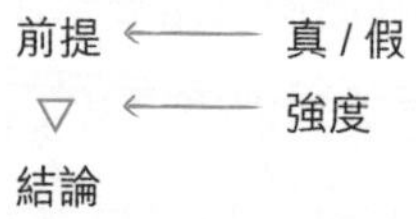

前提 ⟵ 真 / 假
▽ ⟵ 強度
結論

錯誤的推論主要有兩種情況，一種是前提跟結論不相干，完全不能支持結論；另一種是前提跟結論有相干性，但不足以支持結論。很多錯誤的推論都可歸入“謬誤”，謬誤即是不正確的思考方式，例如之前提到的歧義就容易引致錯誤的推論，那是混淆了字詞的不同意思。例如：“烹飪是一種藝術，藝術是藝術史家研究的對象；因此，烹飪是藝術史家研究的對象。”這個推論看似合理，但明顯是錯誤的，這是因為“藝術”有兩個不同的意思，第一個前提的“藝術”是指一種需要想像力和創造力的技巧，第二個前提的“藝術”則是指藝術品，以為它們是同一個意思會導致錯誤的推論。

思方學的重要

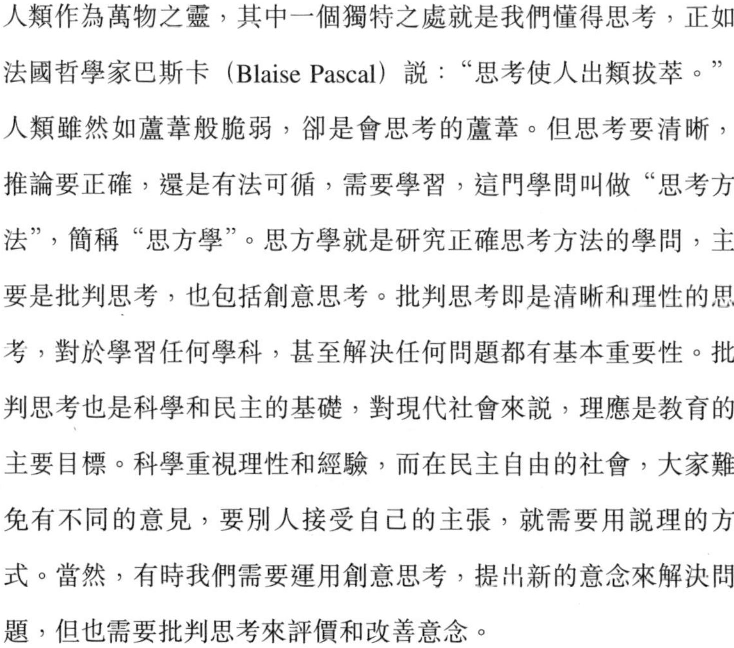

人類作為萬物之靈，其中一個獨特之處就是我們懂得思考，正如法國哲學家巴斯卡（Blaise Pascal）說：“思考使人出類拔萃。”人類雖然如蘆葦般脆弱，卻是會思考的蘆葦。但思考要清晰，推論要正確，還是有法可循，需要學習，這門學問叫做“思考方法”，簡稱“思方學”。思方學就是研究正確思考方法的學問，主要是批判思考，也包括創意思考。批判思考即是清晰和理性的思考，對於學習任何學科，甚至解決任何問題都有基本重要性。批判思考也是科學和民主的基礎，對現代社會來說，理應是教育的主要目標。科學重視理性和經驗，而在民主自由的社會，大家難免有不同的意見，要別人接受自己的主張，就需要用說理的方式。當然，有時我們需要運用創意思考，提出新的意念來解決問題，但也需要批判思考來評價和改善意念。

思方學架構

思方學是由李天命先生所確立，有五個環節。批判思考比創意思考更加基本，因為批判思考涉及是非真假的判定，對生存來説是至關重要的，不懂創新，毫無創意，生活不過是貧乏一些。在批判思考的四個方法之中，以語理分析為先行條件，因為若我們未先弄清楚言論或問題的意思，又怎能運用其他方法作進一步的處理呢？

語理分析				釐清概念，界定問題，澄清判斷和論證
邏輯方法	▷	批判思考	▷	即演繹法，處理必然性的推論
科學方法				即歸納法，處理概然性的推論
謬誤剖析				判定錯誤的思考方式
		創意思考	▷	帶來創新的思考方法

記得筆者讀中學的時候，教育當局流行講批判思考，但對於何謂“批評思考”卻焉語不詳；現在由於經濟轉型，政府又強調創意思考，可惜的是，連特首也分不清甚麼是“創新”、甚麼是“創意”，竟然將創新局限於科技，說設計只有創意，沒有創新，坊間更胡亂鼓吹如“聽音樂學創意”之類的方法，輕視知識的學習。雖然對於甚麼是“批判思考”和“創意思考”有着不同的定義，但“思考方法”有其普遍的意義，無論那些理論怎樣界定批判思考，只要犯了語害和謬誤，也必遭批判。

思考三式

李天命先生所講的“思考三式”是用來概括思方學的要點，思考三式是三個問式，善於運用這三個問式，將大大提高我們思考的能力。

釐清式	X是甚麼意思？	對應語理分析
辨理式	X有甚麼理據？	對應邏輯方法、科學方法
開拓式	關於X，有甚麼值得考慮的可能性？	對應創意思考

批判思考中最具實用性的就是“語害批判”和“謬誤批判”，語害是指有害確當思考的言辭，而謬誤則是錯誤的思考方式，後者是錯誤，前者不一定是錯誤。“意義曖昧”這種語害的問題是語意不明，意思尚未清楚，無所謂錯誤或不錯誤。例如醫生說：“你身體有某些毛病。”醫生的職責是診斷病人有甚麼具體的毛病，這種含混的說法就是意義曖昧。至於“言辭空廢”這種語害，其問題在於所說之話雖為真，卻是多餘的，例如，某社會研究調查說：“阿媽是女人。”這句話必然為真，但卻欠缺經驗內容。又例如“自私”這個例子，有些人甚至將它扭曲為“捨己為人也是自私的，因為他們不過是為了滿足自己要幫人的慾望”，那就是將“所有人是自私”這句話變成了“空廢命題”，必然為真，卻是廢話。

不過，“語害”和“謬誤”不一定互相排斥，例如前面所講的歧義謬誤，是混淆了字詞的不同意思而導致錯誤的推論，所以亦可以解釋為“概念混淆”的語害。既然謬誤是“錯誤的思考方式”，識別謬誤自然就可以改正錯誤的思維，提升思考的能力。值得一提的是，很多人誤解了謬誤的意思，將知識上的常見錯誤當成是謬誤，例如所謂“愛滋病的十大的謬誤”，不過是一般人對愛滋病的誤解。但很明顯，知識上的錯誤並非思維上的錯誤。

謬誤有很多種類，在這裏當然沒法一一說明，我只能提出謬誤的分類架構，及簡介幾個常見的謬誤。在眾多謬誤的分類架構中，我認為以李天命先生的“四不架構”最為實用，李先生將謬誤分為四大類：1. 不一致；2. 不相干；3. 不充分；4. 不當預設，其中第二和第三類大多是錯誤的推論，不相干是指前提對結論毫無支持，不充分是指前提不能充分支持結論。這四類謬誤的嚴重性依次遞減，判定時可順序檢查，甚為簡單易用。

四不架構

謬誤	▷	不一致	例如：自相矛盾
		不相干	例如：訴諸人身
		不充分	例如：訴諸無知
		不當預設	例如：預設結論

我認為，最“本能”的謬誤應是“訴諸人身”，看看小孩子爭論就會發現，最終都會牽涉對方的人身因素。一般來說，說話成立與否跟說話者的人身因素是不相干的。訴諸人身多是攻擊對方的人身因素，如種族、階級、出身、性別、人品和動機等，當作攻擊其言論的根據，例如：“他是同性戀者，所以他的話根本不需要理會。”所以又稱為“人身攻擊的謬誤”。但要注意的是，“人身攻擊”不同於“人身攻擊的謬誤”，不少人會將兩者混淆，至於人身攻擊是否妥當，就不在此討論。

另一種常見的謬誤是“離題”，赤裸裸的離題很容易被人發現，所以離題也要講求技巧，常見的手法是利用訴諸人身來離題，例如被人批評時，就說對方心懷不軌，將視線轉移到對方是否有此動機，避開了有關的批評。還有一種常見的手法，那是擴大對方的論點而加以攻擊，例如，記者問：“政府為甚麼不能解決市民的住屋問題？”政府官員回答：“世事並不完美，政府不能夠幫助每一位市民置業。”要留意這句開場白“世事並不完美”，接下來往往就是離題。

為迴避問題，很多政府官員都“善於”離題。而政府官員的另一種常犯謬誤則是“預設結論”，結論是有待證明，預設其為真明顯是不妥當的，所以歸類為不當預設的謬誤。例如有人問政府官員：“為甚麼失業率這麼高？”官員則回答：“因為很多人找不到工作。”前提不過是換了些字眼，所表達的意思其實跟結論一樣，這樣答了等於沒答，可視之為“廢答”。

坊間很多講思考方法的書，其實都不是真正意義下的“思考方法”，例如說批判思考要有懷疑精神，懷疑是一種態度，並不是思考方法。又例如，已故著名填詞人黃霑先生在其“創意與創造力”的講座中，就混淆了帶來創意的“方法”和“思考上的方法”。比如說輕鬆有助於創意的出現，但這是態度，並不是思考方法；至於 brain storming 和 mind map 等方法也非“思考方法”，而是做事的程序。產生創意的“思考方法”只有兩種，一種是“組合法”，另一種是“轉換法”。

重反省與發展的積極思考

另外，有一種叫做“積極思考”，它講的方法亦不是真正意義下的思考方法，而是心態，又或者可稱它為“思考方向”，簡單來說，就是凡事往好的方面想，並據此採取行動。但別看輕積極思考，學習思考方法只能令思考清晰，懂得批判思考和創造思考的原理；但對達致成功和幸福來說，反而跟積極思考有直接的關係。批判思考關乎於腦，講求思考能力；積極思考則繫於心，涉及的是樂觀、勇氣、寬宏等心態。

積極思考的創始者是二十世紀初美國人諾曼・文生（Noman Vincent），其後各家都有不盡相同的說法，當然，我們無法在這裏詳細討論這些不同派別的內容，只能講一講我認為重要的地方。跟積極思考相反的就是消極思考，例如凡事擔憂、恐懼、悲觀，總往差的方面想，害怕失敗而不作嘗試。積極思考不是一味的樂觀，不處理困難、失敗和挫折。其實我們需要先克服消極思考對我們的影響，這些消極思考的種子，早在我們小時候就經由父母、朋友，甚至師長的說話，埋於我們的心裏，甚至深入潛意識層面，它是如此的根深柢固。例如有人常會擔憂未來，但其實大部分我們所擔憂的事都不會發生。很多擔憂和恐懼是源於對真相不了解，例如以為跟愛滋病患者握手會傳染，所以認知真相對消除擔憂和恐懼有幫助，而尋找事物的真相則跟批判思考有關。

又例如，有人以為會考失敗就是人生的末日，也是缺乏對自己和周遭情況的客觀了解。要注意的是，一些表面上看似積極進取的行為，背後其實也隱藏着消極的思想。舉個例，怪獸家長認為只要讀到名牌幼稚園，才能入讀名牌小學；讀到名牌小學，才能入讀名牌中學；讀到名牌中學，才能入讀名牌大學；讀到名牌大學，畢業後才能找到高薪厚職，一世無憂。這固然是犯了"滑落斜坡"的謬誤，但亦穩藏着消極思想，就是入不到名牌幼稚園，人生就會玩完。

勇氣很重要，勇氣能消除很多跟膽怯和懦弱有關的恐懼。勇氣也是我們面對失敗和挫折的力量，不怨天尤人，從逆境和挫折中學習，以失敗的經驗為踏腳石，繼續嘗試。愛迪生經歷了多次實驗失敗才發明了電燈泡，正是一個很好的例子，除了勇氣之外，樂觀的性格也是其致勝的原因，愛迪生將失敗視為"發現"，那就是發現了很多不成功的方法。值得一提的是，有醫學證據顯示，消極的想法如憂慮和恐懼會影響健康；相反，積極的想法會令人心情愉快，增強人體的免疫系統。

積極思考的極致就是凡事皆為學習的對象，碰到良師益友自然是好事，即使遇到討厭的人，也可以作為反面教材來學習。為人積極、樂觀，就會盡量想辦法來解決問題，即使碰到對立的價值，也會嘗試發掘第三種可能性，這又跟創意思考有關。從失敗中學習，反省自己的不足，這可稱為"反省思考"；謀求創新發展，尋找更多的可能性，這可稱為"發展思考"，積極思考正包含"反省"和"發展"兩方面。

積極思考 vs 思考方法

積極思考包含"反省"和"發展"兩方面，批判思考有助反省，而創意思考則有利發展。

		有利		
積極思考	反省思考	◁	批判思考	思考方法
	發展思考	◁	創意思考	

積極思考能幫助我們成功，但如何定立人生目標則需要另一種思考，那就是對人生作通盤的思考，根據自己的興趣、性格、能力來判定自己的人生目標。思考的奇妙之處在於我們會成為自己所思考的存在，當然，我不是説我們想成為甚麼就立刻會實現，實現是需要時間的。也許可以借用存在主義來加以説明，存在主義的口號是“存在先於本質”，我們先存在，然後通過選擇，創造價值，成為具獨特性的自己，我們需要的就是思考自己成為甚麼的存在，創造自己的本質。人生思考實在太重要，會在〈人生〉這篇再作討論。

學會了批判思考，我們就能思考得清晰、嚴謹和合理，在這個基礎上，對人生作整體的思考，定下自己的目標，然後運用積極思考來完成。

關鍵字再思考	語害 / 謬誤 / 判斷三分法 / 論證 / 思方學 / 批判思考 / 創意思考 / 積極思考
相關篇章	學習　語言　時間　人生

著名雕塑家羅丹（Auguste Rodin）有一件作品叫《沉思者》（*The Thinker*），很多哲學書都喜歡用它做封面，漸漸它就代表了哲學家的形象。然而，亦有人用這個形象來嘲笑哲學家，説哲學家永遠只想不做。然而，思考確實需要時間，香港人的通病就是要“快”，但對思考來説，質素才是首要的。

《沉思者》（1902）

作者：羅丹
原作物料：銅鑄

017

思考

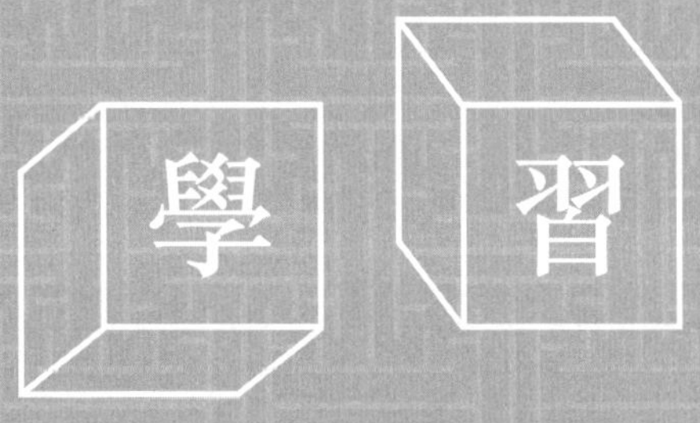

"知是一種喜悅，但只有通過學習才有所得。"

雖然小學的成績算是不錯，但其實我的學習方法很有問題，我屬於"臨急抱佛腳"類型，那就是平時沒有好好溫習，到考試來臨才開始讀書，而且是用死記硬背的方法，但考試一完幾乎所有東西都忘記了；更糟的是，老師跟我們對試卷時，因為害怕面對錯誤，沒有用心去聽，那就錯過了改進的機會。

上了中學之後，我這種只管背書，不求甚解的學習方式就不管用了，結果成績漸漸走下坡，當然也談不上有甚麼學習的樂趣。以前的人所謂學問好就是博聞強記，但在今天資訊爆炸的年代，記憶可以交給電腦，重要的是如何運用資料。不過，背誦不一定是錯，要視乎背誦甚麼，優美的詩詞和文章就不妨多加背誦，背誦也可以是一種學習方式。考試也不一定不好，要看考試的內容和形式，究竟要考核甚麼。

現在的學童十分辛苦，小小年紀就要揹上一個可能比他還重的書包，下課後又要學東學西，為甚麼呢？因為要贏在起跑線上，聽說有一對父母為了令女兒將來成為醫生，除了請相士為她取一個有利於做醫生的名字之外，還選定吉時剖腹產女，更不惜工本，入讀最好的幼稚園，申請入讀這所幼稚園竟需要知名人士寫推薦信呢！求學之難，由此可見。但小小年紀就要承受很大的學習壓力，這樣真的有利於學習嗎？

這也難怪，現代社會是一個知識型的社會，也是一個競爭激烈的社會，我們必須花很長的時間學習知識，才能在社會上謀生；不同於傳統的農業社會，即使不識一字，當一個農夫也可以生存。然而，學習的目的單單是為了謀生嗎？香港學生可悲之處在於學習為了考試，考試為了升學，以為有高學歷就可以找到高薪厚職，盲目追求學歷，不但浪費資源，更會造成人才錯配的問題。

教與學

“教”和“學”這兩個概念十分相近，但教一定涵蘊學嗎？有時老師明明是教了，但學生卻說一點東西都學不到。我認為“學習”比“教育”廣泛，因為我們可以自己學習，也可以在學校之外繼續學習，學習是不受時空所限，可以隨時隨地進行，現在不是要提倡“終生學習”嗎？教育固然有很多問題，也不是短時間就可以解決，但相對於正規的“教育”來說，在“學習”上個人其實有很大的自主性。當代教育哲學家約翰・杜威（John Dewey）就特別強調在學習的過程中，學生要有主動性，甚至自己訂立學習的目標。很多人離開了學校就不再學習，即使學習，也多是為了工作關係，此之謂“增值”。但我認為，離開了學校，真正的學習才開始；因為學校的教育大部分是被動的學習，你想成為一個怎樣的人，你的理想工作是甚麼，主要是你自己決定的，前者跟品德有關，後者與能力相干。無論是品德或能力，都要通過學習才有所成。當然，學校教育仍有其重要的功能，那就是讓學生獲取學習的能力，掌握學習的方法，培養學習的興趣。

教育、學習、上課、訓練

"教育"是一個受操控的過程，指向一個明確的目標，可以看成是一種特殊的"學習"。"上課"也不過是教育的一種，不妨將上課了解為形式化的教育。至於"訓練"，雖然也涉及知識的傳授，但似乎不需要太多智性上的理解，它重視操作性，可以說是一種特定目標的"教育"。

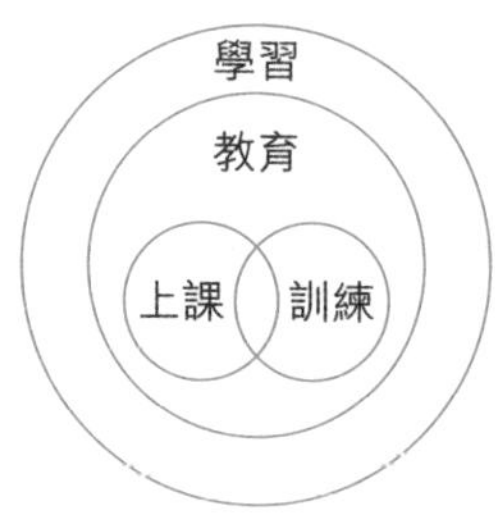

蘇格拉底也十分強調學習要靠自己，老師不過是從旁協助，他將老師的角色比喻為"心靈的助產士"。蘇格拉底要求學生主動提問題，但不會直接給予答案，而是通過對話和辯論，讓學生思考，由他自己講出答案，或者使學生明白自己的錯誤所在。這種教學方法的好處是學生對問題和答案都會有深刻的印象，因為這是由他自己思考所得。

孔子的為學之道

講到"學習"，當然不得不提"學問之神"孔子，作為萬世師表的孔子，應該可以給予我們學習上很大的啟發。《論語》的第一句話就是"學而時習之，不亦説乎"，究竟是甚麼意思呢？一般的解釋是“學了的東西要經常溫習，這就會帶來快樂（説即是悦）”，相信很多學生都不會同意這種解釋，至少對我來説，經常溫習是痛苦的，並不快樂。我認為，較為合理的解釋是“學了的東西要在適當的時候實習，這就會帶來快樂”，“時”是適時，“習”是實習，將所學的知識加以實踐，一來可以印證其真偽，二來可以通過練習得以進步，這就可以感受到個人提升的快樂。學習應該是愉快的，正如孔子所説：“知之者不如好之者，好之者不如樂之者。”擁有知識不如愛好知識，愛好知識又不如從知識得到樂趣。

學習的態度

學習方法也可包括學習的態度，孔子提到以下兩個重點。

不憤不啟，不悱不發	這也涉及教育的方法，老師在啟發學生之前先要令他發憤，要他自發學習之前先要引起他的懷疑，這樣才會產生求知慾
學如不及，猶恐失之	學習要永遠覺得不夠，那才有改進的空間；正所謂“學如逆水行舟，不進則退”

孔子 15 歲有志於學，終其一生都不斷學習，孔子的好學是出了名的，“十室之邑，必有忠信如丘者焉，不如丘之好學也”就是孔子對自己的評價，意思是 10 個住戶就一定有像孔子般忠信的人，卻沒有像他好學的人，“學不厭”正是孔子的特質。孔子還説：“敏而好學，不恥下問。”誰有本事，孔子就會向誰請教。孔子也善於向不同的人學習，此所謂“三人行，必有我師焉；擇其善者而從之，其不善者而改之”，即使是不善之人，也可以提供反面教材。學習除了要勤力之外，思考也很重要，孔子也説：

"學而不思則罔，思而不學則殆。" 學而不思，沒有融會貫通，只會死讀書，越讀越胡塗，沒有甚麼用；但思而不學也是不行，個人的經驗有限，只據此而思考的話，會容易自以為是，也是很危險的。

為學四戒

除了強調有助於學習的正面因素之外，孔子也談到為學的四種毛病。

毋意	"意" 就是憑空臆測，毫無根據；毋意就是要注意判斷的根據，是否相干和充分
毋必	"必" 就是絕對肯定，不知變通；毋必提醒我們還有其他可能性
毋固	"固" 就是固執己見，死心眼；毋固叫我們若發現有更好的見解時，即要放棄己見
毋我	"我" 就是自我中心，只從自己的角度看事物；毋我要我們從其他人的角度看事情，這樣才能客觀持平

我們可以將孔子的學習方法總結為三點，那就是聞、思、行，即好學、深思、實踐。孔子認為，朋友對於學習也很重要，但要懂得分辨益友和損友，益友是友直（正直），友諒（守信），友多聞（學識廣博）。孔子的後學荀子也十分重視學習，他認為學習有兩個重點，一是培養思辨和貫通的能力；二是師法，以具體的楷模為學習對象。

《中庸》論學習

《中庸》可以說是先秦儒家思想的一個總結，學習方面可以歸納為五個要點“博學之，審問之，慎思之，明辨之，篤行之”。

博學是廣泛學習 審問是深入研究 慎思是認真思考 明辨是分辨清楚	知
篤行是努力實踐	行

孔子所講的學習方法，即使在今天仍然有效；相比之下，他主張的學習內容就顯得“過時”了，不過我們仍可發掘其普遍意義。孔子的教學內容是“五經六藝”，“五經”就是《詩》、《書》、《易》、《禮》、《樂》這五部經典，而“六藝”則是禮、樂、射、御、書、數這六種技能，禮是禮儀、樂是音樂、射是射箭、御是駕車、書是書寫、數是計數。用現代的標準，《詩》約莫是文學、《書》是歷史、《易》是哲學、《禮》是社會規範、《樂》則是音樂藝術，屬於人文學科，孔子似乎輕視自然科學、工藝技術、農耕商貿等學科。有一次孔子的學生樊遲請教他農耕種花之事，孔子回答他不如有經驗的老農和老圃，樊遲離開之後，孔子就在其他學生面前罵他“小人”，孔子認為上位者如能好禮、義，信，以身作則，人民自然會服從用命，人心歸附，哪怕沒有人替你種田呢？孔子講的是思想文化，領導之學，這才是根本重要。

孔子之學 vs 墨子之學

在先秦時代，儒家和墨家是兩個敵對的學派，他們不但思想不同，就連學習的知識也有很大的差異。孔子之學可分為四大科，跟工匠出身的墨子所教授的科目，形成一個很大的對比。

孔子之學
教授：德行、言語、政事、文學
（主要是人文科學）

墨子之學
教授：談辯、說書、從事
（包括宗教哲學、邏輯論辯，自然科學和社會科學）

孔子說："古之學者為己，今之學者為人。"學習是為了提升自己的道德學問，不是為了父母，也不只是為了生活，正所謂"君子謀道不謀食，君子憂道不憂貧"，由此看來，後來所謂"萬般皆下品，唯有讀書高"、"揚名聲，顯父母"、"書中自有黃金屋，書中自有顏如玉"之類的話，完全偏離了孔子的原意，孔子有知，不亦悲乎！不過，孔子認為讀書的目的還是為了當官，但當官不是為了名聲、權位和利益，而是做出有利於人民的事。對孔子來說，學習是為了成為君子，有道德修養，學問才幹，那就有資格當官，將自己所學貢獻出來，造福百姓。

孔子所講的學習目的和學習內容有其時代局限性，特別是現代多元化的社會，不見得做官是學習的主要目的，也不見得人文學科會比自然學科更重要。不過，我們可以發掘孔子之說的普遍意義，就學習目的來講，道德修養本身就有其普遍意義；當然，不是人人都可以從政，但從政也有其廣義，每間公司都需要有領導人，人文學科能擴闊人的視野，領導者或從政者必須是通才，正所謂"君子不器"，器是器皿，有特定的功能，在這裏用來指稱專才，“不器”就是不要成為專才。此外，要貢獻社會不一定要當官，從事貿易，從事科研，從事教育也可以貢獻社會。我們可以將孔子的學習目的重新解釋為兩個重點：1. 令自己在品德上更優秀；2. 將自己所學貢獻社會，為他人帶來幸福。

自我實現是教育的目標？

儒家很有積極進取的精神，但道家就似乎較為輕視學習，老子說：“為學日增，為道日損。”學習雖然能夠累積知識，但跟得道沒有關係。但老子也有一句話叫做“自知者明”，那不是暗示最重要的知識就是了解自己嗎？莊子似乎更極端，不但輕視知識，甚至視書本為“糟粕”，他還說：“吾生也有涯，而知也無涯，以有涯隨無涯，殆矣。”無窮追求知識只會浪費生命。然而，莊子本人其實十分好學，根據《史記》所載，莊子是“其學無所不窺”，幾乎甚麼書都看，但為甚麼他說書是“糟粕”呢？莊子用了一個“做輪子”的寓言來說明實踐的重要性，否則書上所載的只是“糟粕”而已。同理，如果我們只是死記硬背，不求甚解，只為考試過關，拿取文憑，那麼所學的也是“糟粕”，因為學習要理解和實踐，並用心體會，這樣才有真正的價值。表面上儒家十分重視學習，但卻偏重於道德和政治的實踐性知識，輕視了科學和實用性的知識。反而道家的心胸較廣闊，道無所不在，知識也無所不在，古代中國的化學知識就是來自道教的煉丹術。值得一提的是，道家十分重視人的個性和自由，由此也可發展出一套有異於儒家的學習理論，那就是主張學習自由的路線，應該順着孩子的本性，不要太多人為的規限，而學習的主要目的就是要擺脱無知，使人變得自由和獨立。

道家強調自由和個性的思想有點像盧梭（Jean-Jacques Rousseau）的自然主義，盧梭是十八世紀的重要思想家，他所寫的《愛彌兒》（*Émile*）正是有關教育的名著，主張以兒童為本，回歸自然。所謂以兒童為本就是針對當時以成人為本，強迫性和灌輸性的教學方式，盧梭認為學習應該是愉快的，這樣才可以引發學習的動機；回歸自然除了指在自然環境中學習之外，也盡量減少人為的干預，例如不要體罰。簡單來説，就是順其自然，順着學生的本性來施教，幫助學生發掘自己的潛能。

我們可以將盧梭這種學習目的稱為“自我實現”，跟升學主義和精英主義有着潛在的衝突，而升學主義和精英主義則跟資本主義有着密切的關係。資本主義的目標就是追求利潤，所以它強調的是效率，重視的是工具理性；從資本主義的目標來看，教育就是為了訓練學生具備市場上所需要的勞動力，包括各層級職位要求的知識和技能。學校就像一個淘汰場，只有合適的人才可以接受更高一層的教育，而所謂精英主義，不過是這種經濟制度的反映。用馬克思的説法，就是將勞動力商品化，在這種教育目標下，人的價值被化約到考試成績，及證書文憑，學習過程也被單一化，要在短時間內考取好成績，灌輸性的學習是最有效的方法。為了應付考試，學生接受長時期的機械性訓練，思維變得單向，過分操練令學生缺乏創造性，害怕犯錯也令他們喪失嘗試的勇氣；然而，現代社會的領導人最需要的就是創造力和勇氣。

我以前讀書還有一個問題，就是只管讀書，很少參與課外活動，也沒有加入甚麼會社，現在回想起來，的確有些遺憾，因為這些活動可以幫助我們擴展興趣，提供學習的經驗，學習其實無處不在。參加球類活動還有一個好處，就是讓大腦休息，而且有足夠的體力，才可以繼續不斷學習，當然，年青的時候不太注意這方面，因為年青人本身就是精力充沛，上了年紀的人要不斷學習，就得要多做運動。柏拉圖（Plato）主張的小學教育就是以音樂和體育為主，使心身健康和諧，的確很有見地。

何謂知識？

當然，學習還是以知識為主，知識論是研究知識的學問，基本問題正是"知識是甚麼？"蘇格拉底早就給出一個頗為妥當的定義："知識就是有理據的真實信念"。根據這個定義，"知識"由三個必要條件所組成，它們分別是"理據"、"真"和"信念"，第二個條件很明顯，"真"是必要的，假的就沒有資格稱為"知識"，例如古代人以為"太陽是環繞地球而轉動"。至於第三個條件"信念"，試想像有人說："我知道這是真的，但我並不相信。"這不是自相矛盾嗎？我相信 p 是真，並且 p 是真，但這仍未算知識，比方説賭徒總相信自己會贏錢，而當他真的贏錢時，我們可以説他知道自己會贏錢嗎？“知識”還需要一個條件，那就是“理據”，當代哲學家對於這個條件十分有興趣，有不少深入的討論，但在這裏我所關心的是第二個條件，甚麼是“真理”？有三種理論回答這個問題：對應論、融貫論和實效論。

“知道”的三種意思

是甚麼	例如知道地球繞着太陽轉
為甚麼	例如知道地球繞着太陽轉是由於萬有引力
怎樣做	例如知道如何游泳

對應論認為，一句話為真是由於它符合事實，例如“雪是白色”這句話是真，因為事實上雪是白色，對應論很合乎我們的常識，但也有其問題，數學的真理和道德的真理就沒有對應的經驗事實，例如“1 + 1 = 2”和“殺人是不道德的”。融貫論認為，一句話為真是由於它跟其他真的語句一致（沒有邏輯矛盾），並且互相支持，但問題是，一個謊言也可以跟其他真的語句保持一致。實效論認為，一句話為真是由於它有效用，例如科學知識有用，因此它是真的，但其問題跟融貫論一樣，雖然真是有用，但有用的不一定是真的。不過，實效論正主張“真理”是相對的，有用的就是真，沒有用的就是假，以前有用的就是知識，現在沒有用的就不是知識，知識是用來解決問題，它只是暫時性的。

我大致同意對應論對真理的定義，不過只限於經驗性知識，至於融貫論和實效論，則提供判斷知識的標準，特別是對於非依靠直接經驗得知的東西。至於非經驗性的知識，如邏輯和數學，其證明根據在於我們的理性，例如“1 + 1 = 2”、“A 是 A”，可稱之為“分析性知識”，以別於物理和化學等“經驗性知識”。分析性知識雖然並不告知我們這個世界的狀況，但能提供思考的法則，是我們建立經驗性知識的必要工具。經驗性知識也有不同的層次，有些比較具體，例如“山埃有毒”和“金屬是導電體”；有些則十分抽象，更具普遍的意義，例如自由落體定律“$s = 1/2gt^2$”和能量守恆定律“$E = mc^2$”，這類普遍定律要用數學公式來表達，事實上，數學的發展和應用對十七世紀出現的現代科學有決定性的影響。有了這些普遍性的知識，我們就可以對自然現象進行預測，避害解困，又可以利用這些知識發展科技，改善人類的生活，這正是“知識是力量”的其中一個意思。

不過，在社會科學和歷史這些知識中，卻找不到跟自然科學相提並論的定律，即使是最接近自然科學的經濟學，也難以預測股市的升跌。雖然社會科學和歷史的知識欠缺自然科學的預測性，但它們有着另一種性質，可稱為“解釋性”。舉個例，“秦始皇統一六國”屬於經驗性知識，但要說明“秦為甚麼能夠統一六國”就可以有多個解釋。雖然沒有唯一客觀的解釋，但可以比較解釋的合理性。“解釋性知識”的價值在於幫助我們了解自己所身處的社會和歷史，繼而有助了解自己。

關鍵字再思考　**教育 / 好學 / 深思 / 實踐 / 工具理性 / 知識 / 真理**
相關篇章　**思考　語言　時間**

亞晉波德（Giuseppe Arcimboldo）是文藝復興後期的畫家，他擅於用不同類別的事物來組合成“人像畫”，有些畫用水果，有些畫用鮮花，而這張名為《圖書管理員》（*The Librarian*）則是用書本，給人一種怪誕美。將書本化做人，是想表達知識的內化，還是讀書使人變做蛀書蟲呢？

《圖書管理員》(1566)

作者：亞晉波德
原作物料：油彩
尺寸：97 × 71 cm

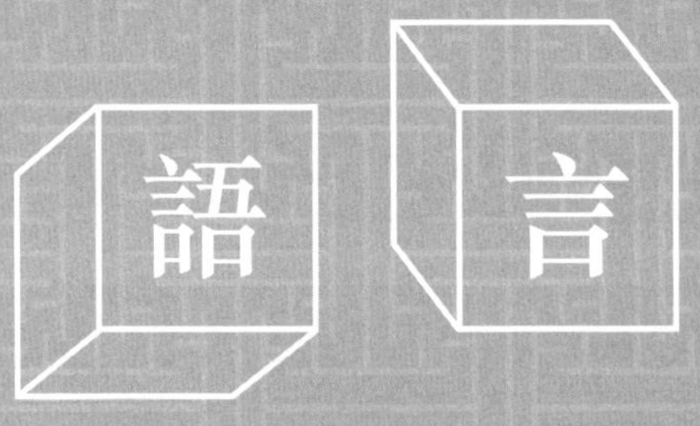

"意義才是實在，語言不過是工具，但別看輕工具"

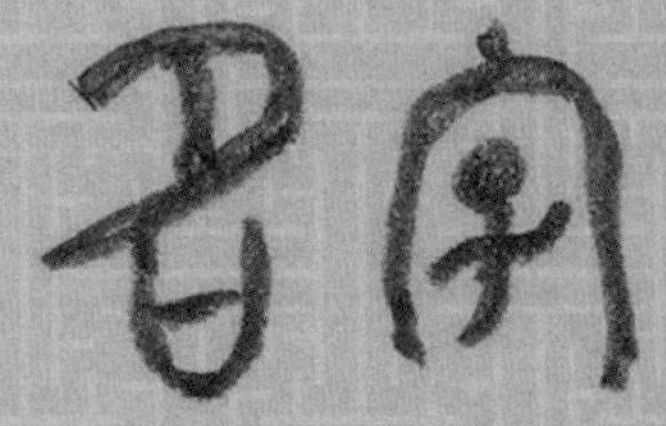

小學時我最喜歡的是中文科，對中文老師也特別有親切感，很多課文到現在我還記得十分清楚，例如有一課講主人和客人的對答，大家都用了同一句話“下雨天留客天留我不留”，卻表達出兩個不同的意思。客人問的是“下雨天，留客天，留我不留？”，而主人的回答則是“下雨，天留客，天留我不留。”。

可惜的是，老師沒有進一步解釋語言的特性。以上那句話之所以有兩個解釋，是由於語法結構所造成，稱為“語法歧義”。中國的古文沒有標點符號，因此斷句就變成了一門學問，不同的斷句可產生不同的意義，例如孔子有一句話：“民可使由之不可使知之”，這句話至少有兩種讀法，一個是“民可使由之，不可使知之”，另一個是“民可使，由之，不可使，知之”，批評孔子是封閉保守的人，就喜歡採用第一種讀法，將它解釋為“要令民眾服從去做，不可以讓他們了解為甚麼要這樣做”；而認為孔子是開明民主的人，就喜歡採用第二種讀法，將它解釋為“民眾可以自己做事，就讓他自己來；民眾不懂怎樣做的話，就要給他說明道理”。

別以為語法歧義只出現於古文，現代的白話文一樣有，例如“她喜歡工作多過她的男朋友”，一個解釋是“她喜歡工作多過喜歡她的男朋友”，另一個解釋則是“她喜歡工作多過她男朋友喜歡工作”。又例如，政黨民建聯有一次的宣傳標題是這樣的：“提供一次性服務”，讀者不妨想想這句話有哪兩個解釋。

語言的意義

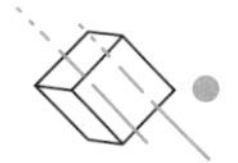

我們由出生開始就學習語言，運用語言來思考，通過語言來學習其他知識，借助語言來互相溝通，我們好像是十分熟悉語言，但

其實我們對於語言的性質並不十分了解，比如說：“甚麼是語言的意義呢？”很多人認為語言的意義就在於它指涉的東西，例如“蘋果”這個字詞的意義就是它代表蘋果這種東西；那麼，如果兩個字詞所指的東西是一樣的話，它們的意義應該相同，但事實並非如此。例如“啟明星”和“長庚星”這兩個字詞，它們指謂的對象相同，都是“太白星”，即金星，但表達的意義卻不一樣，“啟明星”的意思是“早晨最明亮的星”，而“長庚星”的意思則是“傍晚最明亮的星”。

指謂與意含

有些字詞的意義可以從指謂和意含兩方面來了解，兩個字詞的意含相同則指謂相同，指謂相同意含卻不一定相同。

意義	指謂	字詞所指涉的事物
	意含	字詞的意思

當然，不同的字詞也可以有相同的意義，例如“王老五”和“單身漢”，意思都是未婚的男性。相反，同一個字詞也可以有不同的意思，例如“自由”，一個意思是不受任何外在的人為限制，另一個意思則是不受任何原因所決定，這就是歧義，在〈思考〉那一篇我們已討論過歧義如何導致思考混亂。或許有人認為，如果每一個字詞都只有一個意思，那不就是可以消除誤解和混亂嗎？但這是不可行的，因為首先我們的語言將會無限地膨脹，每一種新事物都需要發明一個新的字詞，根本不利於學習和運用。即使我們真的辦得到，也不可以消除歧義，因為字詞除了指謂事物之外，還可以指稱自身，例如“狗”，既指謂狗這種事物，也指稱這

個字本身。況且，我們還有語法歧義，一句話有多過一個解釋是源於語法結構，不一定是字詞的歧義所造成。

如果字詞的意義是它所指涉的事物，那麼語句的意義就在於指涉事件；換言之，語言的功能就是用來描述這個世界，有人認為這正是語言的本質，例如中世紀神學家奧古斯丁（Saint Augustine）就主張語言是世界的圖像。

語言圖像

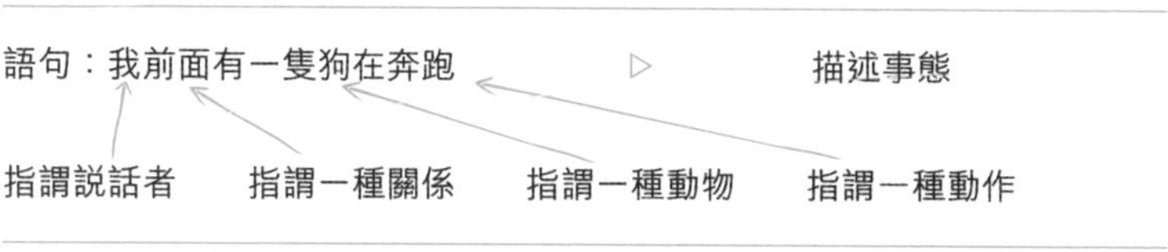

語句：我前面有一隻狗在奔跑 ▷ 描述事態

指謂說話者　指謂一種關係　指謂一種動物　指謂一種動作

奧地利的維根斯坦（Ludwig Wittgenstein）是二十世紀初最重要的哲學家之一，也是英美分析哲學的奠基人，他早期認同語言圖像理論。不過，後期的維根斯坦認為，語言根本沒有本質，語言有着不同的意義或用法，既有認知意義，例如用來描述世界，報告事實；也有非認知意義，例如用來抒發情感、下達命令、請求和詢問等等，維根斯坦稱之為語言遊戲。語言就好像不同的遊戲，有着不同的規則，同一個字，在不同的語境會有着不同的意思或用法。同一句話，也可以兼有認知和非認知意義。然而這些規則又並非明確規定，而且會隨着生活環境的轉變而有所更改，我們必須在具體的生活中領會，字典不過是記錄了部分常用的意義和用法，而且字典也會不斷修改。試想想“馬路”這個字詞的現代意義和古代意義有甚麼不同。

語句的意義

認知意義	有真假可言	例如報告事實
非認知意義	沒有真假可言	例如抒發情感、下達命令、請求和詢問

由此可見，語句不一定用來報告事實，或描述世界，就連字詞也不一定有指涉的對象，先看看這個論證："一千元比沒有東西好，沒有東西比愛情好；因此，一千元比愛情好。"這個論證看似成立，因為既然 A 比 B 好，而 B 又比 C 好，那麼一定 A 比 C 好。然而，"沒有東西"只是一個虛詞，並不指涉任何事物。我們也可以説這個論證犯了歧義謬誤，因為兩個前提中的"沒有東西"並不是同一個意思。

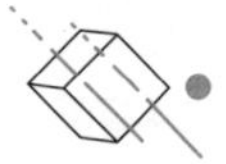

能説清楚便説清楚

維根斯坦告訴我們，語言充滿這類陷阱，容易造成誤導；他甚至認為所有哲學問題其實都不是問題，不過是由於我們誤用語言所致，所以只要澄清語言的意義或用法就可以消解這些問題。舉個例，由於我只能感到自己的痛，不能感到其他人的痛，那究竟其他人有沒有痛呢？我根本不知道，甚至不知道他們有沒有心靈，這樣就會產生哲學上"我外心靈"的問題。表面上，"我不能感到其他人的痛"是一個事實判斷，但實質上是分析判斷，試想像如果你牙痛時我也會牙痛的話，好像你的痛會傳遞給我一樣，但這仍然叫做我的痛，不是你的痛。換言之，“我不能感到其他人的痛”這句話，根據有關字詞的意義和用法，就可判定為真，毫無經驗內容，所以不可以充作支持“唯我論”的經驗證據。

當然，今天已沒有人像維根斯坦那般極端，要完全取消哲學，但講清楚、說明白必須是哲學的本務，正如維根斯坦所說：“能夠說清楚就要說清楚，否則的話，必須保持沉默。”釐清概念是解答哲學問題的起點。從這個角度看，我們必須清理一下那些意義不明、用語曖昧的哲學言論，也難怪有人說二十世紀初哲學經歷一個大轉向，那就是語言的轉向。

哲學發展與語言轉向

哲學發展可簡單分為三個時期，古代哲學着眼於客觀世界，現代哲學則反省認知主體，而當代哲學則進一步探討我們認知和思考的工具——語言。

哲學分期	問題形式	主流哲學部門或流派
古代哲學	甚麼是最終真實？	形上學
	▽	
現代哲學	我們能夠知道最終真實嗎？	知識論
	▽	
當代哲學	“最終真實”是甚麼意思呢？	分析哲學

不單語言沒有本質，就連語言所指涉的事物也不一定有本質，維根斯坦以“遊戲”為例子，指出所有叫做“遊戲”的東西都沒有共同的地方，比如說“勝負”，有些遊戲是沒有勝負可言；遊戲一定要“兩人或以上參與”嗎？也不見得只有一個人玩的就不是遊戲。但為甚麼我們又會將這些事物稱為“遊戲”呢？維根斯坦用“家族相似性”這個概念來解釋，不同的遊戲之間只存在着相

似性，就好像一個家庭的四兄弟，他們的長相十分相似，有些兄弟的眼很相像，有些是鼻，有些則是面型，但細心一看，竟然沒有一處是四人都同樣相似的。除此之外，我們也可以有另一種解釋，我們只是習慣了這樣使用"遊戲"這個字詞。如果以為像"遊戲"、"知識"、"藝術"這些字詞所指的事物一定存在本質，而不斷去追尋本質定義的話，那就是徒勞無功，白費心機。

言說行動

受了維根斯坦的影響，英國哲學家約翰·奧斯丁（John Austin）開創了"言說行動"理論（Theory of Speech Acts），我們可以用語言來作出行動，言說本身就構成行動，他區分了三種言說行動。

第一種	表達意含的言說行動	例如說"這隻狗會咬人"，這是作出了警告
第二種	產生行為的言說行動	例如在教堂舉行婚禮時，說"我願意"，那就表示你結婚了，但這必須依賴社會的制度或習慣，才能產生實質的行動
第三種	產生效應的言說行動	例如橫過馬路時有車輛駛過，跟同行者說"小心"

要了解一句話的意思，除了語法之外，語境也十分重要，例如太太對我說"拿它給我"，表面上看，這句話的意思並不完整，因為沒有說明"它"是甚麼，但當時的語境是她正用手指指着一隻水杯，這樣意思就很清楚了。又例如，有一次出街太太發現忘了拿電話，於是對我說："給我回家看看有沒有？"如果我只是回家看看有沒有，然後回答她"有或沒有"的話，那我就沒有完成任務，或沒有完全明白她的意思，因為根據當時的語境，這句話的隱藏意思就是"如果她的電話在家的話，就要幫她拿來"。即使是分析判斷，在某些特定的語境裏，仍可以有信息內容，例如中國

改革開放初期有一句宣傳話為“人不是神”，這句話其實有警惕作用，就是不要把領導人當作神，要重視理性和經驗。

詭辯要不得

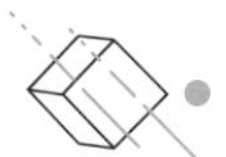

雖然說有着不同的語言遊戲，但並不表示全部用法都是合理的，例如詭辯就必須譴責。相信自人類使用語言以來，詭辯就已經存在，詭辯是用似是而非的言論欺騙人，企圖蒙混過關。歷史上最早的詭辯記載有古希臘的辯士及中國春秋戰國時的名家，現就以名家的兩個詭辯“龜長於蛇”和“火不熱”加以說明。龜怎麼會長過蛇呢？原來是指龜這個字的筆畫多過蛇這個字，那其實是混淆了前面講字詞的兩種不同指涉（指涉事物及字詞本身），屬於概念混淆的語害。為甚麼火不熱呢？熱只是人的一種感覺，火令人感到熱，但火本身並不熱；然而，這種解釋不過是改變了字詞的意思，當我們說“火很熱”，意思正是“火令人感到熱”，說“火不熱”就是違反了字詞約定俗成的用法，屬於概念扭曲的語害。

當然，字詞的意義可以改變，但在一定的時空下是穩定的，否則我們就無法溝通，意義的改變通常是緩慢的，所以一般不會產生溝通的問題。有時改變日常語言的用法可能會提供新的觀點，對人類的發展和進步十分重要。就以“飛鳥之影未嘗動也”這種說法為例，飛鳥移動的時候，其影子似乎也在移動；但飛鳥是一實體，而影子卻不是，所以影子只是不斷轉換，造成移動的假象。當然，我們也可批評“影子沒有移動”這種説法是違反了日常語言的用法，但這種説法的確指出飛鳥移動和其影子移動的分別，電影的原理正是如此，在一秒中連續播出 24 格菲林，製造運動的假象。由此可見，有時改變字詞的意義可以產生新意念，有利於創新和發明。

詭辯在今天的香港有一個新名字，叫做“語言偽術”，例如有一位特首被揭發有非法僭建時，卻辯稱“從來沒有説過自己沒有僭建”，試想想我們被質疑説謊時，可以用“從來沒有説過自己沒有説謊”來辯護嗎？特首語言偽術的特色就是以“從來沒有説過沒有做過甚麼”來為自己“實際做了甚麼”辯解，可惜這種辯解毫無力量，只是轉移視線的技倆。

政府官員常用的詭辯手法

詭辯手法	性質	例子
預設結論：前提不過是重複結論的意思，只是用了不同的表達方式	謬誤	記者問：“為甚麼出生率那麼低？” 官員答：“因為少了嬰兒出生。”
離題：通常將原先的論題擴大或縮小一點，避開批評	謬誤	記者問：“為甚麼政府不能解決房屋短缺的問題？” 官員答：“要幫每位市民置業是不可能的。”
概念扭曲：將字詞的意思改變，避開批評	語害	記者問：“為甚麼那麼多人失業？” 官員答：“他們不是失業，是待業。”

語言的功能

文章開首時提到對中文老師特別有親切感，我想主要原因是學習中文不但是學習一種語言，中文是母語，學習中文同時也是認識自己的文化。我記得小學時有一本書叫做《五用成語手冊》，每一個成語都有其歷史源頭，每學會一個成語，也等於對自身的歷史文化多一分了解。將中文老師跟英文老師比較也很有趣，通常中文老師較為傳統，喜歡講歷史故事，英文老師則較為現代，喜歡談國際時事；就連衣着也有顯著的分別，中文女老師多數穿着長衫，富莊重感；英文女老師則穿着時裝或運動裝，比較自由隨便。語言不但是社會現象，也是文化現象，學習語言也等於了解文化。

學習英文的同時也連帶認識西方的文化和價值，而懂得英文，亦等於獲得新的觀點，多了一個吸收資訊的途徑。舉個例，在波斯灣戰爭期間，伊拉克總統侯賽因（Saddam Hussein）也是要靠看美國 CNN 新聞才知道哪裏被轟炸，這看似笑話，也確是事實。還有，學習外語更能認識自己的文化，因為有了比較，我們才能對一些習以為常的東西有深入的了解。舉個例，只要比較中文和英文對親屬的稱謂，就會明白中國人親疏有別，長幼有序的倫理格局。無論是父親或母親的父母，英文的稱謂都是 grandfather 和 grandmother，但中國人則分為祖父母和外祖父母，很明顯，祖父母比外祖父母親近；英文只有 uncle，我們卻要分伯父、叔叔、舅父，此外還有很多我也記不起的稱謂，這樣複雜的親屬稱謂，無非就是要建立以倫理為本位的社會秩序。

沒有了語言，人類就不可以作有效的表達和溝通，但竟然有人質疑語言的功能，認為語言有所限制，批評有很多東西是語言所不能形容和表達的，有的甚至主張要超越語言。但甚麼是語言的限制？又甚麼是語言所不能表達呢？這些人愛說："語言不能表達真理！"這句話其實是自我推翻，因為如果語言不能表達真理，這句話就不是真理。他們又會這樣說："真理是靠體會，非語言所能表達。"但這又有甚麼大不了呢？很多東西都要靠體會才能明白，例如"失戀是痛苦的"，這句話也要靠體會，一個五歲的小孩是不會明白的，因為他並沒有失戀的經驗。說"語言不能表達真理，真理要靠體會"正反映出對語言的誤解，比如我說："日落很美麗。"以為聽了這句話就等於有看到日落的感受，那就是誤解了語言的功能，由此判斷為語言的限制，其荒謬之處就像說洗衣機有限制，因為它不能用來煮飯。

撇開以上無知於語言功能的胡說，探討語言與意義表達的關係也是有價值的，中國魏晉時期就有過"言意之辨"，這是整個玄學最具哲學性的論題。言意之辨源於《周易》這句話："聖人立象以盡意，設卦以盡情偽；繫辭焉，以盡其言。"《周易》原是一占卜之書，象是指卦象，言是指卦辭或爻辭；通過卦象、卦辭及爻辭，我們就可以解釋所占之卦的意義。引申出來，象可以泛指圖像，言是語言，意就是圖像或語言所表達的意義。究竟圖像、語言和意義三者有甚麼關係呢？

言意之辨中有三種立場，第一種叫做"言不盡意"，代表人物是荀粲，荀粲崇尚道家，力圖擺脱漢代章句訓詁[1]之學，他認為“道”是超越語言所能表達，這就是所謂“象外之意”和“繫表之言”。第二種立場叫做“意不盡而盡”，代表人物是王弼，王弼認為言可以明象，而象則可達意，他引用莊子的筌蹄之喻[2]，主張“得意忘象，得象忘言”，忘言和忘象並不是要否定語言的功能，針對的也是漢儒那種繁瑣的章句之學，叫人不要執着於言和象。第三種立場叫做“言盡意”，代表人物是歐陽建，他認為語言文字是用來指稱事物和表達道理，它們就好像形影一樣，所以言能盡意，但語言文字也有隨事物和道理的更改而轉變的一面。歐陽建的主張正反映我們的常識，事物是客觀存在的，語言文字不過是表達的工具。

我認為這三種立場適用於不同的層次。如果我們談論的是經驗的對象，則言盡意論較為恰當；不過，若涉及人內心的複雜思想，則言未必可以盡意。如果我們談論的是一些超越經驗的事物，例如“道”、“無”等形上的道理，則言不盡意論較為恰當，因為這些道理要靠體驗和實踐，但並不表示這是語言的缺點。至於王弼的意不盡而盡論，則十分適用於解釋詩詞和繪畫等藝術作品，因為它們都以“象”作為表達意義的媒介，繪畫不用說了，詩詞也是通過文字營造一個景象。事實上，言意之辨對詩詞理論及創作產生很重要的影響，所謂言盡而意不盡，使詩人盡量發揮出語言的暗示性及啟發性，用有限的字句去表達出無窮的意含，陶淵明的“山氣日夕佳，飛鳥相與還，此中有真意，欲辨已忘言”正是這種立場的最佳註腳。

1　章句指離章辨句，以分析章節，訓詁即古文註釋。

2　筌為捕魚的竹器，蹄為捕兔的網。比喻要達成目的的工具或手段。

一般來講，説話要清楚，意思要明確，這樣我們才可有效溝通，但別忘記語言使用有不同的場合，例如作詩的時候就要充分利用語言的歧義和含混，某個意義下，詩才是最精煉的語言，詩人的靈格（靈魂的位格）也遠高於學者。又例如政治外交的語言，有時需要強硬堅定，立場明確；但有時卻要界線模糊，讓雙方留有空間，試想“一個中國”是甚麼意思。

關鍵字再思考　**指謂 / 意含 / 認知意義 / 釐清概念 / 語境 / 詭辯 / 語言偽術 / 言意之辨**

相關篇章　**思考　學習　時間**

瑪格烈特（René Magritte）是比利時著名超現實主義畫家，他這張畫名為《形象的背叛》（*The Treachery of Images*），畫中有一個煙斗，下面卻寫着"這不是煙斗"，但這明明是煙斗，為甚麼不是呢？當然，這只是煙斗的畫，並不是真正的煙斗，畫家要我們思考的正是語言、圖畫和意義三者的關係。

《形象的背叛》（1929）

作者：馬格烈特
原作物料：油彩
尺寸：60 × 81 cm
現存：洛彬磯縣立美術館

Ceci n'est pas une pipe.

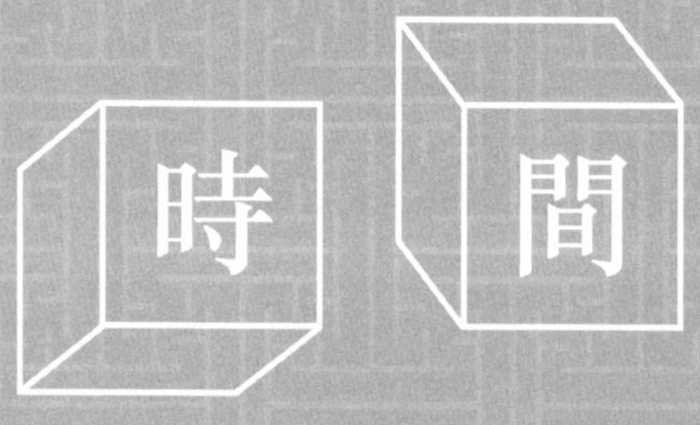

"時間的啟示就是過去已經過去，
只能開拓未來"

大概是小學三、四年級，我還清楚記得那是夏天，是陽光充沛的一天，我忽然想20年後的自己究竟會怎樣呢？而20年後的我回想起20年前的我又會有甚麼感受？想到這樣，就有一種很玄妙的感覺，現在、過去跟未來彷彿連在一起。

一提起“時間”，往往會聯想起神秘的宇宙。“宇”的意思是上下四方，即無窮的空間，“宙”的意思是古往今來，即無盡的時間，宇宙正好代表着時空。不過，時間又比空間更加神秘，更具哲學意味，所以也是歷來哲學家最感興趣的題目。時間是甚麼？時間好像是由過去、現在和未來三者所構成，但亞里士多德（Aristotle）認為，過去不是真實，因為過去已經不存在，未來也是不真實，因為尚未出現，只有現在是真實存在，而時間正是由一連串的現在所組成的。但其實也不妨說，連現在也不是真實的，因為一講現在就已經成為過去了。如果過去、現在和未來都不是真實，那麼時間也是不真實嗎？

主觀還是客觀？

奧古斯丁就被時間的問題深深困擾，他說：“時間是甚麼？沒有人問我，我知道；但當有人問我，我卻不知道。”但最終他還是提出解答，那就是將時間主觀化，放入我們的心裏。我們的心智可以回顧過去，展望未來，這樣，過去、現在和未來就能同時存在於心裏。就好像聽音樂一樣，我們不是在聽個別的音符，而是記住之前的音符，並預視之後出現的音符，這樣我們才能掌握整個旋律。換言之，沒有心智存在的話，就沒有時間存在。但這明顯不合符事實，因為地球未有人類之前，不是已經經歷了幾十億年以上的時間嗎？或者奧古斯丁可以這樣辯解，即使如此，時間依然存在，因為時間是存在於上帝的心智之中。

從我們的經驗上看，時間又好像是客觀真實的，因為我們可以經驗時間的流逝，人老了，皺紋也多了，身體也大不如前，這不是時間留下的痕跡嗎？在時鐘上我們不是看到時間一分一秒地過去嗎？但時間也好像是主觀的感受，快樂的時候時間過得特別快，而年紀越大，時間也過得越快。康德（Immanuel Kant）也認為時間是主觀的，但他所講的"主觀"並非以上所講對時間的快慢有不同的感受。康德認為時空並非客觀世界的性質，也不是來自理解力的概念，而是我們知覺的先驗形式，是構成經驗的形式要素，他稱為"感性直觀"。換言之，時空是我們經驗這個世界的主觀形式，所以我們所感知的事物都在時空之中，這就好像戴了一副藍色的眼鏡看世界一樣，所看到的事物都帶有藍色，但藍色卻並非事物的性質。

康德的知識論

康德認為我們的感官接觸這個世界時，先由直覺形式來把握，產生知覺經驗，然後理解力提供 12 個基本概念如"因果"來處理這些資料，這樣就成為經驗知識。

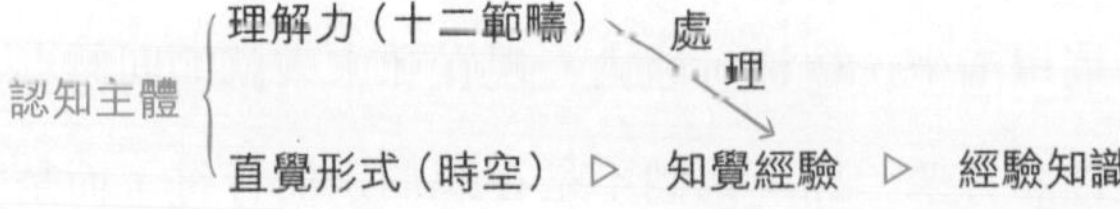

柏格森（Henri Bergson）雖然批評康德的時間論，但他對時間的看法也有點像康德，時間不是外在的東西，它是人內在的直觀形式。時間是內在的，它的特性是"綿延"，綿延就是持續發展，人

的生命就在時間中開展，是一個整體，不能分割。所以他認為將時間看成為外在是有問題的，可以測量和分割的是空間的性質，不是時間的性質。當然，柏格森的意思並不是不可以測量時間，只是不要錯認時間的真正性質。

時間當然可以分割，一年可以分成十二個月，一個月有三十日，一日就有二十四小時，一小時有六十分，一分有六十秒，"滴達"一聲就是一秒，不知有沒有人做過研究，似乎人類感知上能夠區分的時間單位只有半秒，然而，概念上卻可一直分割下去，這就涉及無限分割的問題。古希臘哲學家埃利亞的齊諾（Zeno of Elea）提出過有關時間的"詭論"，他説烏龜要挑戰神行太保阿基里斯（Achilles），和他賽跑，阿基里斯讓烏龜先跑一百公尺，但齊諾認為阿基里斯永遠都追不到烏龜，因為當阿基里斯跑到一百公尺時，無論烏龜跑得怎麼慢，牠總會前進了一段距離，當阿基里斯再追到這段距離時，烏龜又會向前移動了一段距離，如此類推，雖然每一次阿基里斯都會追得更接近烏龜，但烏龜總是領先，所以阿基里斯永遠追不上烏龜。如果真的來一次阿基里斯和烏龜的比試，阿基里斯當然可以追過烏龜，齊諾不過是玩了時間無限分割的把戲。

計時器的演進

要量度時間，我們需要穩定的周期性運動，最早用的日晷，就是利用太陽的運動（其實是由地球的自轉所造成），隨着科技的改進，計時器也變得越來越準確和方便。

日晷	用柱的影子測量時間，但陰天沒有太陽就不能用
水鐘	用水滴計算流逝的時間，但冬天水結冰就不能用
沙鐘	沙漏需要高超的玻璃技術及磨細的沙粉，比水鐘計算更小的時間
機械時鐘	更加準確及日常化，由教堂到市政廳，人人都可以看到時鐘或聽到報時

時間的開始與相對性

另一個令人真正困惑的時間問題就是"時間有沒有開始？"如果説時間有開始，似乎又可以追問之前是怎樣，科學家認為，時間開始於大爆炸，這已是138億年前的事。但大爆炸之前又怎樣呢？説時間沒有開始，一樣會產生疑問，那就是既然沒有開始，為甚麼時間又會走到今天呢？康德認為，"時間有沒有開始？"這個問題正顯示出理性的限制，當我們試圖超越理性的限制去回答這個問題時，就會陷入"二律背反"（antinomies）之中。

二律背反

康德認為，有關宇宙普通本性，肯定和否定的說法都可言之成理，但卻是互相矛盾，他稱之為“二律背反”，依量、質、關係和形態分為四種。

二律背反	正論	反論
量的二律背反	時間有開端，並且空間有限	時間沒有開端，並且空間無限
質的二律背反	一切由單純部分組成	沒有單純東西，一切都是複合體
關係的二律背反	有自由存在	一切都是被決定
形態的二律背反	有必然的實體存在	所有實體都是偶然

也許上帝在創造這個宇宙的一刻，也創造了時間，那麼之前就是“永恆”，上帝不就是永恆的存在嗎？“永恆”有兩個意思，一個是在時間之內講的，另一個則是時間之外，例如有些電影會說吸血殭屍擁有永恆的生命，意思就是生命不會終結，這是發生在時間之內；但當我們說上帝是永恆時，指的是時間之外，時間之外的東西是不變的，而在時間之內的所有東西都會有變化，吸血殭屍縱使不死，也會隨時間而有所改變。或者用另一個例子來說明永恆不變的意思，就以數字為例，無論這個世界的事物怎麼變化，也不會對“2”這個數字產生任何影響，因為它是存在於時間之外，亦即是永恆不變。

比康德稍早的十七世紀英國科學家牛頓（Isaac Newton）則認為時空都是絕對的，時間在任何地方都是相同的，空間也是不變的。時間是獨立自存的，即使沒有任何運動或變化，時間還是存在的；即使沒有任何物體，空間還是這樣存在。跟牛頓同時代的萊布尼茲（Gottfried Leibniz）對牛頓的絕對時空觀作過批評，提出相對時空觀；但牛頓的理論要到二十世紀才真正被愛因斯坦（Albert Einstein）的相對論推翻。愛因斯坦認為，時間不是在任何地方都是一樣的，會因我們所處的位置和速度而有所改變，例如當我們正在高速運動時，時間就會走得慢些。空間也可以彎曲，而且時空是一體的，所謂四個向度就是三維空間加上時間性。有人用原子鐘做過實驗，證實了愛因斯坦的理論，方法是將一個原子鐘放在飛機上，讓飛機繞地球一周，另一個原子鐘則放在原地，當飛機回來時，飛機上的原子鐘的確比地上的原子鐘走得慢些，原子鐘是以基本粒子的振盪過程來量度時間，可以測量出極輕微時間的差別。“同時性”這個概念也會出現問題，因為處於運動狀態 A 的人所看到同時發生的兩件事，在處於運動狀態 B 的人就可能看到這兩件事不是同時發生，既然“同時性”有問題，那麼“現在”也不成立，因為說兩個事件現在發生，也就是說它們同時發生。

能“回到過去”嗎？

根據愛因斯坦的理論，如果我們乘坐以接近光速的飛空船到太空旅行幾年，回到後地球可能已經歷了幾十年了，結果是你的女兒比你的年紀還要大。有人認為，這是表示時間旅行在理論上是可行的，因為對於太空船的人來說，他好像是去了未來。但要注意的是，即使我們同意這叫做“到了未來”，但並不是我們也可以“回到過去”。“回到過去”是邏輯上不可能的，因為有邏輯矛盾。很多人都喜歡這樣來解釋“回到過去”的邏輯矛盾，就是如果有人能回到過去，在他的爸爸未遇上他的媽媽之前把爸爸殺掉的話；那麼，未來他就不會出生，也不會有他回到過去的事情發生，這就是邏輯矛盾，所以“回到過去”是邏輯地不可能的。邏輯不可能就一定物理不可能，物理不可能就一定技術不可能。就以《回到未來》（*Back to the Future*）這部電影為例，主角回到過去之後，無意中破壞了爸爸和媽媽的約會，還令媽媽喜歡了他，如果爸媽生不了他，他就會從此消失，所以他要設法將父母拉回一起；但電影沒有交代的是，如果他真的消失的話，未來又怎會有他回到過去呢？

三種可能性

可能性可以分為邏輯可能性、物理可能性及技術可能性三種。

邏輯不可能	技術可能
▽	▽
物理不可能	物理可能
▽	▽
技術不可能	邏輯可能

有人為“回到過去”的可能性提出辯護，說我們雖然能夠回到過去，但不能改變歷史，即那個人不可能殺死他的爸爸。其實這種辯解是無力的，因為當一個人回到過去，就一定改變了歷史。可以用一個更加簡單的例子來說明邏輯矛盾，假設今天早上聽我講課的學生有 99 人，加上我課室就有 100 人，那麼，“今早課室有 100 人”這句話就是真的；但原來有一個學生忘了來上課，於是

晚上他乘時光機回到今早上課，那麼，這個課室就有 101 人，並非 100 人，而“今早課室並非有 100 人”這句話也是真的。同時肯定一個命題（今早課室有一百人），並且否定這個命題（今早課室並非有一百人），這就是邏輯矛盾。

不過，有人提出“平行宇宙”的理論來辯解，說我們能夠回到的過去只是跟現在這個宇宙一樣的另一個宇宙，在這個平行宇宙我可以殺死自己的爸爸，於是這個宇宙的未來就沒有我存在，但原本那個宇宙的我還是存在的。平行宇宙的說法其實有很多問題，不能在這裏詳細討論，我只想指出一點，若是如此，究竟我們是否真的回到過去呢？因為這是另一個宇宙，回到“過去”所做的一切也是徒勞無功的，因為原本的宇宙並沒有任何改變。也有一種“回到過去”的可能情況是這樣的，假設現在有一個人宣稱自己是未來人，由 100 年後的世界來到現代；但其實未來尚未出現，他只不過很奇怪地擁有未來的記憶，到 100 年之後，這個人的確存在，然後突然間失蹤（因為要回到過去），但當時的人可在歷史中找到 100 年前有關這個人的記錄。這個想像的例子可以解釋何謂“回到過去”，但歷史又不會改變，因為這種回到過去正是歷史的一部分，但這又引出另一個問題，未來不就是被決定了嗎？

“回到過去”還有另一個解釋，就是我們能看見過去的影像，例如我們現在看到的星星只是它們的過去，有些星距離地球有幾十萬光年，我們看到的正是它們幾十萬光年前的模樣，說不定這些星早已經消失了。我們可以想像過去所發生的事都被立體影像化地記錄下去，當我們處身於這些影像當中，就有回到過去的感覺，就好像狄更斯（Charles Dickens）的名著《聖誕述異》（*A Christmas Carol*）中的孤寒財主被聖誕鬼帶到過去的影像，看到了很多遺忘已久的事情。我一直想，如果真的有這樣"過去影像帶"存在的話，會是一件多麼令人感動的事，例如看看自己剛出生的一天、第一次上學的情況、第一次談戀愛等等。

製造時光機

有些科學家並沒有理會以上第一種"回到過去"所產生自相矛盾的問題，還正埋手努力研究能回到過去的時光機，例如任教於美國康乃迪克大學的物理學教授馬雷特（Ronald L. Mallett）就一直致力研究時光機的可能性，他認為愛因斯坦的相對論能提供有利的方向，根據相對論，重力會令空間彎曲，也會令時間變慢，而質量和能量又可以互換，光也有是能量的；換言之，光也能影響時間。我記得很多年前《超人》（*Superman*）電影有一集就是講述超人為了要拯救死去的愛人，以超過光的速度令地球逆轉，使時間倒流到愛人未遇害之前。但其實這是違反了狹義相對論，雖然時間會隨速度加快而變慢，但卻不能超越光速，因為若以光速運動時，質量會變得無限大。雖然愛因斯坦表明廣義相對論也不容許回到過去，但 1949 年，著名的數學家哥德爾（Kurt Gödel）根據愛因斯坦的方程式，提出了回到過去的可能性，不過哥德爾設想的宇宙是要旋轉的，並且不會膨脹，但證據顯示，我們身處的宇宙正在膨脹，亦不會旋轉。

相對論

愛因斯坦於 1905 年發表狹義相對論，11 年之後再發表廣義相對論，廣義相對論以狹義相對論為基礎。1919 年，廣義相對論成功預測了水星的軌道，成功推翻了牛頓的古典物理學。

狹義相對論	處理物體以等速移動的問題
廣義相對論	處理物體以加速移動的問題，也包括重力的問題

另一位相信可製造出時光機的是美國華盛頓大學的物理學教授克拉默（John G. Cramer），他的理論基礎是量子力學，在粒子層面，我們平時講的因果律並不成立，原因是出現在結果之後；換言之，未來的事件可以影響現在，而現在又可以影響過去，完全違反了我們的常識。不過，在微觀層面出現的情況未必在宏觀層面也會出現，以為微觀可行而必然地推論出宏觀也可行，正犯了合稱謬誤（即是由部分如此推論出整體也是如此）。另外，還有兩位物理學家提出建造時光機的構想，他們是加州理工學院的索恩（Kip Stephen Thorne）和墨里斯（Mike Morris），他們認為蟲洞理論可以為時間旅行提供理據。簡單來說，蟲洞是物理學理論中可能連接兩個不同時空的捷徑，由於黑洞的重力會扭曲時空，如果能以超光速順理穿過蟲洞的話，則有可能進入另一個時空。

最早提出時光機構想的不是物理學家，而是十九世紀的科幻小說家威爾斯（Herbert George Wells），他的經典名著《時光機》（*The Time Machine*）於 1895 年出版，比愛因斯坦的相對論還要早 10

年。如果說“回到過去”自相矛盾不能成立的話，那麼說“時間停頓”就是自我推翻，因為若時間可以停頓，我就會問：“可以停頓一小時嗎？”那一小時不正是時間嗎？即使明知坐時光機回到過去是有邏輯矛盾，但我還是很喜歡看這類電影，其中一個原因就是後悔當年所作的決定，幻想回到過去改正“錯誤”。但正如俗語所謂“光陰似箭”，時間是一去不返的，要時間倒流或停頓都是沒有可能的，也許人生有太多的悔疚，錯失了太多的機會，“回到過去”不過是一種心靈的慰藉。

珍惜有限的時間

一方面，時間十分抽象，難以說明；但另一方面，在日常生活中，我們又毫無困難地用這個字詞來互相溝通，比如說“我沒有時間了”，“你別阻礙我的時間”，“我給你三天時間完成”。維根斯坦認為，“時間”是特殊詞彙，在語法上屬於名詞，但跟名詞的一般用法不同，它不是用來指稱事物，而是提供了某種現象的標準，據此我們就可以判定其他詞彙能否用來描述這種現象。維根斯坦似乎認為，根本不需要為“時間”的問題而煩惱。但亦有哲學家認為時間有很重要的哲學意義，例如海德格（Martin Heidegger）的巨著《存有與時間》（*Being and Time*），就十分認真看待“時間”，他指出人的有限性是表現在時間上，因為我們知道自己會死，而人永遠向前瞻望，並且繼承過去，也要認清現在的實況。不過，人亦可能忽略現在，悔恨過去，憂慮將來。

人生只有短短數十年，即使有人覺得時光飛逝，有人覺得渡日如年，但每一天大家都擁有相同的時間，就是一天只有 24 小時，不多也不少。人生的質素很大程度決定於我們怎樣運用時間，依稀記得小學一年級有一篇關於時間的文章是這樣的：“滴達！滴達！一分一秒不放鬆，小朋友，勤做工，才有用。”我們從小就被教導要珍惜時間，努力學習，長大做個有用的人。相信大家都聽過“少壯不努力，老大徒傷悲”這兩句話，這是出自《長歌行》，前面還有兩句，就是“百川東到海，何時復西歸”，大江東流，一去不返，前兩句講的正是時光飛逝，這是自然定律，後兩句講的是人生道理，要珍惜時間。的確，時間是寶貴的，不然我們就不會用金錢來形容時間，但“時間是金錢”這句話也可以了解為時間可以用來換取金錢，當然，並不表示時間可以直接用來換取金錢，而是指如能善用時間來工作，就可賺取金錢；相反，金錢也可換取時間，例如搭的士雖然車資較高，卻可節省不少時間。

時間之所以寶貴就因為時間有限，思考需要時間，自我實現需要時間，所以要好好珍惜時間和管理時間。但善用時間並不表示每天都要忙於學習和工作，過度學習和工作也許是浪費時間，閒暇其實十分重要，玩樂也十分重要，你看動物，越高等的越會遊戲，人也只有在遊戲中才能成為真正的自己，小孩子最喜歡玩遊戲，有一個時間的比喻正是“時間是遊戲中的孩子”。

關鍵字再思考	**感性直觀 / 同時性 / 永恒 / 回到過去 / 平行宇宙 / 自相矛盾 / 時光機**
相關篇章	**思考　學習　語言**

這是西班牙超現實主義畫家達利（Salvador Dalí）的名作《凝固的記憶》（*The Persistence of Memory*），記得我讀藝術系時第一次看到這張畫就被它深深吸引着，軟化的時鐘配置在奇異的風景之中，一切都超乎常理，的確給我一種時間停頓的感覺。

《凝固的記憶》（1931）

作者：達利
原作物料：油彩
尺寸：24 × 33cm
現存：紐約現代美術館

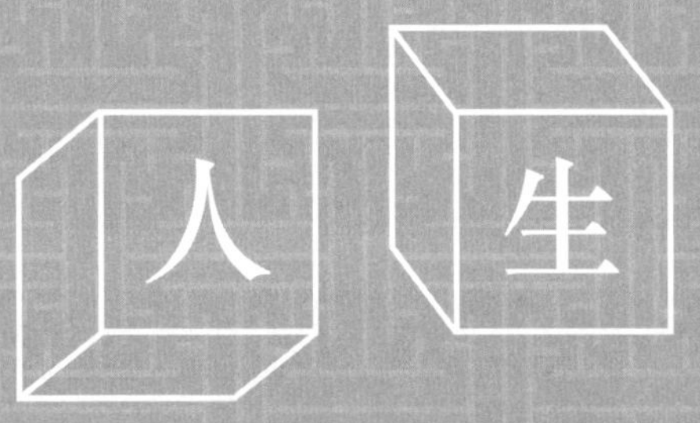

"人生無目標，就活得沒有意義；
人生無情趣，便活得沒有意思"

小學時，有一次班主任吳老師對我們全班訓話："你們終日嬉戲，究竟有沒有人生目標，應該好好讀書，以上大學為目標。"吳老師這番"教訓"到今天還言猶在耳，也是第一次有人對我說人生應該有目標，也提供了一個明確的目標。

後來我終於上了大學，在大學裏，又流行另一個人生目標，稱為"四仔主義"，四仔者乃"車仔"、"屋仔"、"老婆仔"、"生仔"；也就是說，畢業後要買車買樓，結婚生仔，那當然要努力工作賺錢才能實現。那麼，之後呢？大部分人會告訴你，繼續賺錢，那退休之後就可安享晚年，過着舒適的生活。然而，上大學、實現"四仔"、過着舒適的退休生活，其實都是社會的既定標準，我們為甚麼一定要跟隨呢？

如果單單以上大學為目標的話，一旦升上大學之後，反而失去了目標，人生頓然變得迷茫。我是理科生，由於高考成績生物較好，很自然上大學就入讀了生物系，但當時我經常問自己："究竟是否真的有興趣呢？"對我來說，讀書還勉強可以，但做實驗就很痛苦，於是我開始思考為甚麼要讀書？甚麼才是自己真正的興趣？很奇怪，那一年我忽然對繪畫產生濃厚的興趣，於是決定轉校，重新考試，最後成功入讀中文大學的藝術系。這個時候我意識到，人生目標必須由自己來決定才有意義。

人生的比喻

但人生一定需要目標嗎？究竟人生又是怎麼一回事呢？有人說人生如戰場，我們必需努力，打敗競爭對手，才可以生存，或生存得更好；也有人說人生如考試，我們必須經歷試煉，才能夠不斷提升；更有人說，人生如賽跑，必須向着目標前進；亦有人說，人生如舞台，只要好好扮演既定的角色，絕無欺場就夠了；還有人說，人生如赴宴，參與過便算，不要太執着。人其實是一種價值的存在，要在發展和創造中感受幸福，所以人似乎注定要追求人生目標，當然，定下甚麼具體目標則是各人可以自主的。就以我自己為例，當我決定選擇藝術而放棄讀了一年的生物時，讀藝術就比讀生物有更高的價值，選擇本身預設了價值判斷。

至於說人生如戰場，未免太過殘忍；說人生如考試，自然有人考得上，有人考不上，似乎過於沉重；說人生如賽跑，也不錯，但當你發現自己不是短跑的材料，就應該試試長途賽；說人生如舞台，但也需努力才可以找到適合自己的角色；說人生如赴宴，卻又過於輕鬆。我較喜歡十九世紀丹麥哲學家齊克果的人生比喻，他說："人生如漂流中的小船，必須緊握船竿。"為甚麼要緊握船竿？因為人生充滿危險，一不小心，小船就會撞岩破碎。作為存在主義之父，齊克果較注視人生的陰暗面。如果嫌這個比喻也是太沉重的話，那麼，人生如習題簿這個比喻也不錯，較為輕鬆，在人生的不同階段，都有不同的題目等待着我們，今次答得不好，還有下一次，永遠有機會（因為我相信靈魂不滅及靈魂轉世）。人生的困惑、挫折和失敗彷彿都是考驗我們的題目，誰不曾經歷考試不合格、失戀、失業或疾病的挫敗嗎？誰不會面臨人生抉擇而感到迷惘嗎？或許真的有一帆風順的人，出身良好的家庭，接受高等的教育，又有高尚的職業，及如意的伴侶；然而，沒有挫敗的人生，就真的值得我們羨慕嗎？在較差的條件中成長其實是一種磨練，通過自己的努力，克服種種困難而成功，不是更有價值和意義嗎？正所謂“難能可貴”。歷史上的偉人，很多都是出身貧困，經歷諸多波折，遭遇重重困境，才成就其偉大的事業。就以林肯（Abraham Lincoln）為例，這個被喻為美國歷史上最偉大的總統，即使具備優秀的人格和動人的演說能力，但未成功前也經歷了無數次的競選失敗。當然，我們不一定要做偉人，但在人生的長河中總有合乎我們程度的題目。

走筆至此，我想起了悲觀主義哲學家叔本華（Arthur Schopenhauer），他認為人生的各種需求和慾望都是盲目意志的表現，當需求和慾望不能滿足時，我們就會遭遇挫折和痛苦，但滿足之後，我們又會追逐新的慾望，慾望正是人生痛苦和各種邪惡的來源，所以人生注定是不幸的。叔本華的思想有很重的厭世意味，我認為他的問題是看不到人生也有積極和快樂的一面，愛情、家庭、知識、工作和興趣都可以是幸福的泉源。俗語說：“人生不如意之事十常八九。”實是有點誇大，只是我們對不快之事過於耿耿於懷。即使多數人認為人生的痛苦多於快樂，然而，人生有很多痛苦是可以避免和消除的，特別是源於愚蠢和貪婪，而嫉妒所帶來的痛苦更加是毫無意義，當然，有些痛苦和挫折對心靈的成長也有積極的意義。

孔子的人生觀

人生目標既有階段性，也有終極性，終極目標能貫穿整個人生，賦予人生整體的意義，而階段性目標又可以是達成終極目標的手段。雖然人生目標因人而異，但生老病死，窮達順逆，都是大部分人會經歷的，而事實上，人生亦有普遍性的階段，正如孔子70歲時的人生自述："吾十有五而志於學，三十而立，四十而不惑，五十而知天命，六十而耳順，七十而從心所欲不逾矩。"即使到了今天的現代化社會，仍有很高的參考價值。從小立定志向很重要，那就有了努力的方向。30歲，有工作收入，可以獨立生活。40歲，對自己的人生方向不會感到疑惑，在自己的專業之內有所發揮；現代有很多人到了40、50歲，就出現很多問題，此所謂中年危機。50歲，明白到人生的局限，不再強求，也是時候了解一下形而上或宗教性的道理。60歲，最好做到和顏悦色，不再爭閒氣。70歲，心境就可以自由自在，了無牽掛。

人生的六個階段

十五立志
▽ 培養學問和能力
三十獨立
▽ 能夠照顧自己
四十不惑
▽ 明確自己的方向
五十知天命
▽ 明白人生的局限
六十耳順
▽ 毀譽不動於心
七十從心所欲不逾矩

不過，對於現代人來說，孔子的人生階段也有補充的需要。由於營養充足和醫學進步，現代人的壽命可高達 80、90 歲，所以我們需要的是 80、90，甚至 100 歲的人生指引。人生目標的設定跟人生階段有關，舉個例，年青人和上了年紀的人就是兩個很不同的階段，年青人體力充沛，感性較強，但知識和經驗卻不足，所以應該善於運用自己的條件，好好學習；至於上了年紀的人，雖然知識和經驗足夠，但體力和感受力卻變得差，在工作方面，就應該培養下屬來幫助自己完成目標，或者想想應否退下來，開展人生的新一頁。現代化的多元社會跟孔子時代的單一社會也很不同，孔子認為讀書的主要目的就是從政，協助君主治理國家；但在今天多元化的現代社會，就有很多不同的職業讓我們選擇，所以擇業也是一個很重要的課題。

齊克果與尼采說人生

說到人生階段，有兩位哲學家的主張也值到一談，一位是前面提及的齊克果，另一位是稍後於他的尼采（Friedrich Nietzsche）。齊克果將人生分為三個發展階段：審美階段、道德階段和宗教階段，也大致對應於少年、中年和老年三個時期。審美階段的特色是追求感官的享樂，向外奔馳，但最終會感到空虛失落；由此一躍，就會進入道德階段，向內要求自己，但最後會產生無力感，或者出現道德上的驕傲，這表示已到了極限；再由此一躍，就會進入宗教階段，明白到生命的脆弱和人的有限性，經過深切的反省，將自己託付給上帝。齊克果是基督徒，也許這三個階段就是他的心靈獨白。尼采是無神論者，重視的是人的生存意志，他的精神三變也可以了解為人生三個發展階段，第一個階段以駱駝為代表，駱駝的特性是刻苦耐勞，人在年青時正要不斷學習，默默承受和忍耐，聽從別人的教訓，包括傳統加諸我們的重擔。第二個階段以獅子為代表，獅子的特性是勇猛進取，成年人可以自決目標，爭取自己的利益，實現自己的理想，但同時亦要承擔責任。第三個階段以嬰兒為代表，嬰兒的特性是充滿各種可能性，這就是回歸原點，重新開始，即使步入老年，人在精神上也可以重新再來，這也代表尼采所講的價值重估。齊克果和尼采所講的人生階段有很大的分別，但其實兩者並沒有矛盾或對立，只是從不同的角度來審視人生，也不是定論，只可作為參考，畢竟人生還是你自己的人生。

齊克果 vs 尼采

齊克果	尼采
審美階段：享樂	駱駝：忍耐
道德階段：節制	獅子：自決
宗教階段：皈依	嬰兒：重生

不過，我還是喜歡孔子的平實，孔子對於老、中、青三個人生的主要階段也有很重要的建議，除了對應不同階段的學習之道外，也有對應不同階段的慎戒之道：“君子有三戒。少之時，血氣未定，戒之在色；及其壯也，血氣方剛，戒之在鬥；及其老也，血氣既衰，戒之在得。”少年，戒之在色，這是性的問題，如果縱

慾的話，中年時身體就會壞掉；中年，戒之在鬥，中年有了事業基礎，就想更進一步，拚命競爭，甚至不惜手段打擊對手，這就是鬥；老年，戒之在得，人老了，要退休，身體也開始出現毛病，就會缺乏安全感，將金錢和名位看得比以前更重要，捨不得放手。

人生階段的三戒

階段	應做之事	應戒之事
青年	努力向學	戒之在色
中年	事業有成	戒之在鬥
老年	退下來	戒之在得

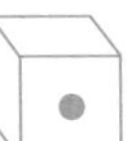

人生目標與目的

“人生目標”和“人生目的”這兩個詞我們經常互換使用，似乎沒有甚麼大分別，但嚴格來說，兩者有一個顯著的不同，“目標”是需要我們付出努力，透過行動才可以達成的，比如說，我的目標是要勝出這場比賽；但“目的”則主要涉及我們行為背後的動機或原因，比如說，我要勝這場比賽的目的是為了出名。人生目標前面已經討論過，現在就談談人生目的，人生目的對應着“為甚麼人要生存？”這個問題，在已知的生物當中，只有人類會思考生存意義的問題，人生目的就是人活着的理由，那些想自殺的人，大部分都是認為人生沒有目的，所以人生也沒有價值和意義，死了反而更好。人生目標需要我們自己訂立和努力才能實現；但人生目的似乎是既定的，只待我們自己發現。

目標 vs 目的

目標	是人訂立出來，但需要努力才能實現的	例子：上大學是我的目標
目的	是某事物存在的理由，或人行為的動機或原因	例子：我上大學的目的是為了求取知識

有宗教信仰的人認為，只有宗教才能解答人生目的是甚麼的問題。當然，相信有死後的世界，跟認定人生只有短短數十年，其人生觀和價值觀是截然不同的；但並不表示，一定要有宗教信仰，"知道"生命的來源，人生才有目的和意義可言。以某物的起源來證立或否定它，是一種錯誤的推論，稱為"起源謬誤"(genetic fallacy)。在《科學怪人》(*Frankenstein*) 這部小說中，科學怪人以為找到創造他的科學家之後，就能知道人生的目的和意義，但當他成功找到了科學家，科學家卻未能給他答案，於是他要求科學家為他創造一個伴侶，因為他明白到，情感才是人生最有價值的東西，這就是他的人生目的。

起源謬誤

納粹黨雖然是邪惡，但納粹黨所做的一切都是邪惡嗎？反對吸煙這個主張最早源於納粹黨。

納粹黨是邪惡的
納粹黨反對吸煙

因此，反對吸煙也是邪惡的

我認為，人生目標是每個人根據自己的喜好、性格、能力和背景等因素作出選擇，要從事甚麼工作，得到怎麼樣的成就，各人之間存在很大的差異；至於人生目的，則涉及人的整全性，跟當事人的世界觀有密切關係，也可以說，一個人的世界觀決定了他的人生觀，包括人生目的。這樣看來，人生的終極目標就跟人生目的比較接近。但無論是人生目標或人生目的，都跟價值的判斷有關，而現代社會又流行價值是主觀的説法，所謂主觀的意思是所有價值判斷都沒有真假或高下之分，但這明顯是不成立的。舉個例，偷竊是錯誤的，一般來説是真的（有普遍性並不表示是絕對，也有例外），即使是小偷也會同意，因為他也不願意自己的東西給人偷去。我發現，那些認為價值是主觀的人往往基於一個錯誤的推論，由於某些價值的爭議沒有客觀的答案，於是就推論出價值判斷完全是主觀的，這其實是犯了非黑即白的謬誤。

非黑即白的謬誤

由 A 不是處於一個極端，而推論出 A 處於另一個極端，而忘記了兩個極端之間還有不同的情況。

人生目的沒有客觀答案

⟶

因此，人生目的完全是主觀的選擇

人生目的雖然沒有唯一的客觀答案，但也有高低之分，以追求名利和權位為人生目的，就不見得有很高的價值；至於恐怖分子以復仇為人生目的，殺害無辜的人，就更是等而下之。然而，某些哲學和宗教所標榜的人生目的卻又陳義過高，説起來動聽，但根本沒有人會去實踐。比如説儒家就是，本來孔子的教訓是十分平實的，但由孟子開始就有點陳義過高，後來的儒者更動不動就要人捨生取義，成聖成賢，給人很大的壓力。例如宋儒就喜歡講“餓死事小，失貞事大”，所以反對寡婦再嫁。當然，我並不是反對人在道德上更進一步，但重要的是由當事人自決，否則的話，就容易出現兩種人，一種是偽君子，表面上符合要求，但內心卻不真實；另一種是真小人，反正很難達標，就索性不做。道德固然重要，沒有道德，社會秩序也難以維持，但將道德凌駕於其他價值亦不大妥當。我以為，當滿足了道德的最低要求，即不傷害人，就容許追求各自的人生目標，更理想的是，實現自己的人生目標之時，也能有利於他人。

很明顯，不是所有人生目標或人生目的都一樣好，我將那些有高價值的人生稱為美好人生。雖然美好人生是多元的，但也有普遍的成分，基於我們對人的需求和才能的一般了解，有些需求的滿足具有重要性和普遍意義，例如情感、友誼、知識的追求、美的欣賞、社會合作、有意義的工作等，這些需求不單對當事人有益，也很有可能令其他人受益。亞里士多德認為，人實現潛能才能會感到快樂，而這種快樂會跟能力的增強和複雜性的增加成正比。換言之，越精於某種活動，或某種活動越複雜，人就會越有滿足感，因為它給予我們新奇的經驗及創造的空間，形成個人的風格。正如哥德（Johann Wolfgang von Goethe）所說，最大的幸福就是發展我們與生俱來的才能。不過，具體的人生計劃和目的是怎樣，那就是各人自家的事。但“德性”對於不同的美好人生來講，也是十分重要。例如要在專業或職業上取得成就，亦需要擁有某些德性，如勇氣、堅毅、努力、明智等等。

人生的神秘性

也許有些人相信人的命運是被決定的，無論怎樣努力也是枉然。這涉及決定論和自由意志的爭論，在〈自由〉那一篇略有討論，這裏我只想交待自己的看法。命運有着神秘的一面，也可以説人生在某程度上是被決定的，但人也有自決和努力的空間，至於能否成功，亦有客觀環境的限制，正所謂“謀事在人，成事在天”。人一出生，就有很多既定東西加諸於我們身上，也可以説是被決定，例如種族、性別、潛能、家境和社會背景等等，當然，有人條件好一些，有人差一些，我們就在這些既定的條件下作出努力和選擇，實現各自的人生目標，人生意義不僅在於目標的達成，追求過程本身也構成了部分的人生意義。

除了靈魂轉世的信念之外，我也相信人在投生前早已擬定好人生計劃（這一點不同於傳統佛教），因為當我回顧自己的人生時，發現有某些事件好像是預先安排好，當然，有這樣的計劃並不表示計劃就一定會順利執行或完成。由於不便透露太多私人經歷，只以兩個事件説明之，一個就是前面提到大學轉讀藝術之事，未讀大學之前並未發現自己有繪畫的天分，讀中學時當然也沒想過將來會讀藝術，會考就更加沒有考美術科。另一件奇怪的事發生在大學第四年的下學期，這一段時間我正忙於畢業創作，但竟然忽發奇想，想報讀哲學系的碩士課程，就像是有人將這個念頭放在我腦中一樣；然而，四年以來，我並未修過任何一個哲學科，雖然間中也跟同學“吹水”，討論一些所謂“哲學”問題，卻不見得對哲學特別有興趣，當時報讀哲學系碩士課程需要考入學試，我用了兩個月時間來讀書（這是我四年大學生涯最勤力的時候），竟然考上，也順利通過面試。從讀藝術和哲學這兩件事看來，雖然都是由自己作抉擇，但似乎又想不出有甚麼充分的理由或特別的原因，表面上看來是偶然，但我相信這其實是自己投生前所擬定的人生計劃。人生的確存在着神秘的一面，有待各人自己去發掘。

關鍵字再思考　**人生目標 / 價值判斷 / 自主 / 人生階段 / 終極性 / 人生目的 / 起源謬誤**
相關篇章　**自我　自由　善惡**

這是我創作的一件立體作品，名為《兩個棺材，一個給我，一個給恐怖分子》，棺材象徵人生的意義或人生目的，我的人生意義就是成為一個傑出的畫家，所以我有一個油畫箱造型的棺材；而恐怖分子的人生意義則是為了復仇，手榴彈形的棺材對他們就最合適不過，但充滿仇恨的人生又怎會是美好的人生呢？

《兩個棺材，一個給我，一個給恐怖分子》(2009)

作者：梁光耀
原作物料：木，玻璃纖維
尺寸：215 × 46 × 99 cm, 181 × 150 × 166 cm

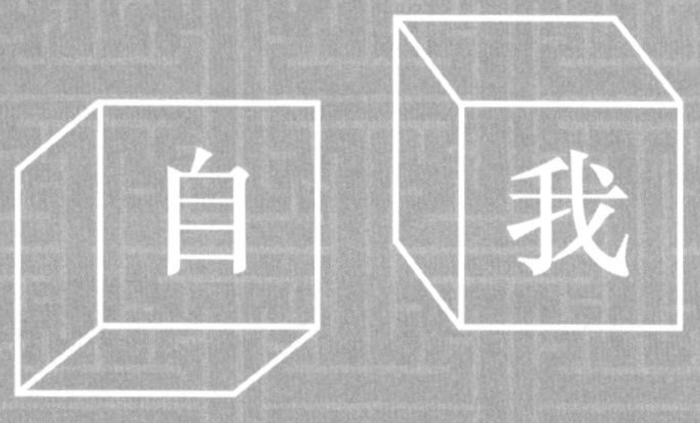

"不要太自我，但要提升自我，
更加要保持自我"

大概是小學三、四年級的時候，有一次家裏只有我一個人，本來正在玩玩具，忽然間有一種奇怪的想法，就是認為這個世界只有我一個人是真實存在，其他人都是假的。在我沒有觀察時，他們其實是不會動的，於是我連忙走到窗邊，看看街上的人是否真的會走動。

這是一種非常奇怪的體驗，我從來沒有向別人提過，後來讀了哲學，發現有一種理論叫做“唯我論”，認為這個世界唯一可以肯定的就是自己心靈的存在，至於其他人是否真的有心靈，那就不得而知了，我當時正真切體驗到這種主張。然而，“我”是否就是心靈呢？

近代法國哲學家笛卡兒（René Descartes）正是由自己的心靈存在開始，推論出上帝存在，然後再推論出世界存在，及他人的心靈存在，反駁了唯我論。笛卡兒認為，人是由心靈和身體所構成，這稱為心物二元論，但心靈才是我，而心靈的特性就是思考。

笛卡兒的論證

我可以懷疑一切都是虛幻的，但不可以懷疑自己正在懷疑

▽

我的心靈存在

▽

我的心靈有完美的概念，但人並不完美，此概念一定來自上帝

▽

上帝存在

▽

上帝既然是全善，自然不會欺騙我們

▽

世界及他人心靈存在

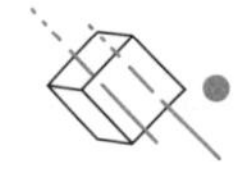

認識自己

如果人的本質在於心靈，而心靈的本質又在於思考，那麼思考的本質又是甚麼呢？我認為，那就是自我的意識，正如笛卡兒所說："我是真實存在的，但是甚麼樣的存在呢？是一個會思考的存在。"自我意識就是可以進行自我反省及自我理解，這也是個人得以成長和進步的關鍵。古希臘有一座戴爾菲（Delphi）神殿，石碑上刻有一句話："認識自己"，無獨有偶，老子也有一句話叫做"自知者明"，可見智慧無分東西。但問題是，認識自己甚麼呢？

有一個哲學問題叫做"我是誰？"某個意義下，這是一個偽問題，因為"我"就是指稱提出這個問題的人，但誰會不知道自己的名字，不知道自己的身分，對自己一無所知呢？除非是失去了記憶，才會有此一問；又或者處於唯我論的狀態，對外界一切，甚至連自己的身分都產生懷疑。但其實也可以這樣了解，提出"我是甚麼？"或"我是誰？"這個問題的人，想認識的是關於自己的某些"真相"，例如自己的才能、性格、優點、缺點等等，又或者想做一個"真正的自己"；前者跟自我理解有關，後者則涉及自我實現。一般來說，自我理解是自我實現的先行條件或先決條件，能夠充分認識自己的才能、性格、優點和缺點，就容易訂下適合自己的人生目標，集中力量，得以不斷改善和進步。古希臘哲學家赫拉克利特（Heraclitus）說："性格決定命運。"有些人常常遭遇相似的事，或是碰到同類的問題，因而歸之於命運，但其實是由於他的性格所致，所以認識自己的性格，也有可能改變自己的“命運”。

年青人由於過於感性，受了一點痛苦就容易放大來看，常常困於自卑的形象，又老是想着自己的事。也可以說人在年青時期比較自我中心，很難客觀地看待自己，所以年青人對自己認識往往不大準確。

自我 vs 絕望

齊克果（Søren Kierkegaard）對於“自我”和“絕望”的關係有深刻的反省，三種自我問題對應着三種絕望。

不知有自我	▷ 終日沉迷於享樂之中，或是被教導迎合社會既定的標準，這是最低度的絕望，當事人未必知道自己處於絕望之中
不願有自我	▷ 發現了自我，但又不願成為自我，因為實現自我就得要承擔責任和壓力，轉為追求世俗之物，這是絕望的深淵
不能成為自我	▷ 願意成為自我，但由於能力有限，很難實現，因而感到絕望

自我實現需要不斷努力和長時間的專注，但社會上流行的價值觀、社會的規範、個人在社會上的角色等又往往對人造成束縛，妨礙個人的自我實現。從這個角度看，個人和社會存在潛在的衝突。有時從社會束縛下解放出來之後，人就有機會從新理解自己，找到所謂“真我”，認識到自己真正想要的東西。很多電影都涉及自我理解這個主題，通常主角因某種原因（通常是出現身分認同的危機），離開了自己的家園或所屬的地方，經歷一段旅程，對自己產生新的理解，找到所謂“真我”，由過往的束縛中解

放出來，得以重生。但這個所謂“真我”究竟是甚麼呢？有些人認為，“自我”不過是社會化的結果，我們的身分、性格和能力很大程度受到傳統、家庭、社會、傳媒和學校的各種影響而成。不過，我認為“真我”指靈魂的個性，並且我相信每個人投生之前，都擬定好一個人生計劃，而“自我實現”的其中一個意思就是實現這個出生前的計劃。“自我實現”通常的意思是指實現我們的潛能，做我們真正認為有價值的事情，這兩個意思的自我實現並沒有衝突。

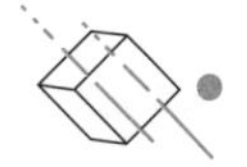

自我結構

雖然每個人的潛能和性格都不同，但卻有着相同的自我結構；正如高矮肥瘦，各有不同，但人的身體結構都是一樣的。柏拉圖是首位向我們説明自我結構的哲學家，他認為人的自我結構（靈魂）有三部分：理性、意志和情慾，理性是人的高級能力，而意志和情慾是人的本能，意志是高貴本能，而情慾則是低級本能。柏拉圖主張運用理性控制意志，這樣意志就可以協助理性來控制慾望，使人的心身得到和諧。

柏拉圖的人性論與理想國

在柏拉圖的理想國中，有三個主要階層：統治者、戰士和生產者。統治者要管理國家，需要的是智慧；戰士要保衛國家，需要的是勇敢；生產者要做一切生產勞動的工作，並供養以上兩個階層，需要的是節制。這三個階層是建基於他的人性論。

人性	理性	意志	情慾
	▽	▽	▽
品德	智慧	勇敢	節制
	▽	▽	▽
社會	統治者	戰士	生產者

雖然柏拉圖為我們揭示了自我結構的三部分“知、情、意”，但對於“情”方面，他只注意人的情慾，並未肯定情感的力量。我們不妨比較一下柏拉圖和笛卡兒對自我的看法，柏拉圖是古代哲學之父，而笛卡兒則是近代哲學的開創者，雖然兩者都重視理性，但柏拉圖還肯定心靈有情意兩部分，而笛卡兒則將心靈化約為理性，忽略了人的情意。笛卡兒崇尚理性，認為理性足以審判一切，這種以為理性萬能的觀點經啟蒙運動廣泛傳播，不錯，我們在自然科學取得巨大的成就，於是社會學家也以為可以像自然科學對待自然一樣，對社會進行預測；也以為可以像工程學對待機械一樣，對社會進行改造，這產生了後來以理性來規劃社會的社會主義，也必然會導致強迫個體服從所謂“集體目標”。某個意義下，這也可以說是崇尚理性，忽略個體情意的惡果。

康德所寫的三大批判，主題分別是知識、審美、道德，不但對應傳統講的“真、美、善”三大價值，也對應着“知、情、意”的自我結構。三大批判要探討的是“知識、審美、道德”這三樣東西之所以可能的先驗條件。關於自我，康德也提出了三個基本問題，分別是“我能夠知道甚麼？”、“我應該做甚麼？”及“我可以期望甚麼？”跟認知、意志和感受也有着對應的關係，我認為第三個問題最能顯示“真我”，因為答案可反映每個人真正想要的東西。

康德的“批判”與“自我”

三大批判	主體能力	對象	價值	自我
第一批判：《純粹理性批判》	理解力	知識	真	認知
第二批判：《實踐理性批判》	理性	道德	善	意志
第三批判：《判斷力批判》	判斷力	審美	美	情感

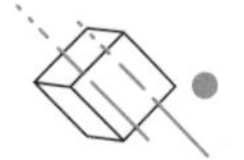

知、情、意的提升

如果比較柏拉圖和康德有關“自我”的看法，康德較重視知、情、意的獨立性，而柏拉圖則強調理性的重要性和主宰性；在“情”方面，柏拉圖關注的是其負面之處，認為要對情緒慾望加以控制，而康德則看到它的積極意義，成就審美和藝術。康德的第三批判不單是探討“審美”，它還是用來溝通第一批判講的現象界知識和第二批判講的本體界道德自由；我們也不妨倣法康德，將情感用作調和人的認知和意志，縮減兩者的差距，例如認知上我們知道要努力學習，但意志卻不夠強，所以最好的方法是培養學習的興趣，或者由自己最有興趣的地方開始學習。

有趣的是，現代社會講的IQ（智商），EQ（情緒智商），AQ（逆境智商），也正好對應着“知、情、意”這三部分，IQ泛指一個人在學習、理解和判斷的能力；EQ則是指一個人了解和管理情緒的能力；而AQ是指一個人對抗逆境的能力。提升自我的其中一個意思就是提升這三種能力。但我認為IQ的説法過於狹窄，因為第一，它假定了智力是由遺傳所決定；第二，傳統的智力測驗只適用於學業成績，有所偏廢。我認為在認知能力方面，主要分為“理性”和“知性”兩種能力，可以通過學習不斷改善，後面會再説明。中國人有所謂“七情六慾”的説法，情與慾相連，但七情並沒有統一的説法，儒家和佛家都有不同的説法，我認為比較重要的情緒有“快樂、憤怒、悲傷、恐懼、憂慮、厭惡、憎恨、羞愧”。其實情緒不一定負面，憤怒和羞愧可以激發人的上進心，恐懼亦可以令人謹慎行事，所以重要的是能夠主導自己的情緒，而主導情緒的先決條件就是認識自己的情緒。首先我們要有自覺，即是在情緒發作的時候，能以一個旁觀者的角度審視自己的情緒，由此可見，管理情緒跟認知能力有關。其實柏拉圖説用理性控制情慾，也可以了解為情緒管理，但相比之下，恐怕情緒比理性有更大力量，而最有力量的情緒就是憤怒。十六世紀的荷蘭哲學家伊拉斯莫斯（Desiderius Erasmus）認為，情緒跟理性的力量比例是24比1，看來單憑理性是很難駕馭情緒，難怪柏拉圖主張意志必須協助理性，才能發揮力量。

情緒是一種即時的反應，所以管理情緒的一個方法就是學會忍耐，而聽音樂是一個調節情緒的好方法，在柏拉圖的理想國中，教育分為三個階段，初等教育由七歲開始，所有兒童都要接受，學習的科目有音樂和體育，目的是達致身心和諧，培養節制的品德。孔子也很重視音樂教育，《五經》和六藝中都有音樂，前者是理論，後者是實踐；除了音樂之外，孔子也十分重視詩教，其中一個原因就是詩“可以怨”，讀詩有助紓解怨恨。

調節情緒的方法

《EQ》的作者丹尼爾・高曼（Daniel Goleman）在書中提出了五種調節負面情緒的方法，但其實方法有很多種，而且效用因人而異；不過，我反而覺得聽音樂的效果有很大的普遍性。

運動	▷	可紓解壓力，忘卻情緒的困擾
善待自己	▷	培養愉快的心情
改變觀點	▷	從另一個角度審視自己，發現沒有原來那麼糟糕
幫助他人	▷	助人可以肯定自己
宗教信仰	▷	宗教能帶來心靈平靜

能夠主導情緒，就可以有穩定的心境，並將情緒導向有利於實現自己的目標，而且也容易了解別人的情緒，有助維持良好的人際關係。

要抗拒逆境，需要增強意志力，一般來說，有捱苦經驗的人的意志力都比較強，遭遇挫折也有較高的承受能力。所以小時候多吃一點苦頭是好事，這就好像打疫苗一樣，吃苦正是抗逆的疫苗，亦難怪今天的年青人，甚至是中年人的抗逆能力偏低，因為他們成長於一個富裕的時代，少有吃苦的經驗。當我們身處逆境的時候，最容易出現的情緒就是“怨”，有時埋怨父母，為甚麼不是富裕人家？有時埋怨社會，為甚麼這麼不公平？有時甚至埋怨上天，為甚麼自己生不逢時？埋怨令人看不到自己的問題，所以紓解怨恨也有助於對抗逆境。但要成功克服逆境，就必須找尋出路，所以反省很重要，要認知自己不足和缺點，加以改善，才有成功的希望。然而，光說不做也沒有用，所以還是行動最實際，這就要依靠人的意志力，意志即抉擇的能力，而“自我”亦可以了解為一個不斷塑造的過程，是由每一次選擇慢慢形成，從這個角度看，意志力最能彰顯出人的自主性。

無論我們有甚麼潛能，或有甚麼人生目標，做一個成功的運動員，或是一個出色的藝術家，提升“知、情、意”的能力都有助我們達成目標。

IQ、EQ、AQ

IQ	知	認知力	▷	知識、分析、理解	▷	成功
EQ	情	情緒力	▷	管理情緒	▷	
AQ	意	意志力	▷	抉擇、行動	▷	

以上討論了傳統以來自我結構的三部分，但有人認為“意志”並非一種獨立的能力，例如十六世紀的英國哲學家霍布斯（Thomas Hobbes）說，人的所有行為都是受情慾所驅使，意志不過是人用理性考慮行為的各種後果之後所出現的愛惡。不過，我們發現兩歲的小孩也會憤怒，而憤怒不但是情緒，也是意志的表現。

對於自我的基本能力，個人的看法跟西方傳統有點不同。首先，關於“知”方面，我將它分為“理性”和“知性”兩種，但跟康德所講的理性和知性並非完全等同。知性泛指我們學習知識的能力，知性越高的人，累積的知識也越多；至於理性，則較為純粹，它是一種認識事物道理，對整體把握的能力，比如説有些人有很豐富的知識，知道很多東西，卻不能作出判斷，那就是因為理性薄弱。至於“情”方面，我認為有所謂感受的能力，可稱為“感性”，跟美感和藝術有關，藝術可以説是感受能力高度發展的產物。一般來説，兒童的感性高於成人，女性高於男性，藝術家高於一般人。

柏拉圖過分重視理性，壓制情感，難怪藝術家要被逐出他的理想國，但這不過表示柏拉圖忽視情感，不理解藝術的價值。另外，還有一種叫“悟性”，它涉及超越界的事物，跟宗教講的覺悟有關，有着神秘的一面，有些人目不識丁，卻有很高的“悟性”，例如禪宗的六祖慧能就是。

理性和知性關係密切，都跟學習有關；而感性和悟性亦較為相近，屬於直覺方面。柏拉圖所講的理性、意志和慾望，分別座落於身體的頭部、胸部和腹部；而我所講的理性和知性，都是位於頭部，而感性和悟性則位於心。感性和悟性的先天成分較重，例如“愛”就跟它們有關；而理性和知性的發展則需要後天的學習，例如“善惡”，必須學習知識才能作出判斷。

理性、知性 vs 感性、悟性

後天	頭	知性 理性	學習能力 掌握整體	▷	知識
先天	心	感性 悟性	感受能力 覺悟能力	▷ ▷	藝術 宗教

小我、大我與自我

現代文明是一個"知性"主導的文明，超越和形而上的東西都被邊緣化，悟性也難以開啟，很多現代人只好在算命、風水之類的東西滿足一下悟性，但這只是非常低度的悟性。"感性"也是一樣，大部分人的感性都受到廣告和商業的影響，只有被動地消費，等而下之的就是在"黃、賭、毒"滿足感性的需要。傳說中有一個比柏拉圖提到的亞特蘭提斯文明（Atlantis）更古老的雷姆利亞文明（Lemurians），這是一個"感性"十分發達的文明，大部分人都沉醉於藝術之中，每天都要花幾小時來聽音樂，就連政權誰屬也以藝術比賽來決定，今天我們聽起來難免有點匪夷所思。

跟柏拉圖一樣，我認為所謂"自我"其實就是靈魂，正如在本書〈死亡〉那篇所講，靈魂是輪迴的主體，每一次人生都是靈魂來到世上學習，而每一次死亡也就是一次覺悟的機會，經過無數次的輪迴，靈魂也就形成了自己的個性，具備特別的才能，所謂天才其實不過是過往多世所累積的成果。

但不斷輪迴的意義在哪裏呢？我認為，那就是以"完善"為最終目標，並在過程中體會靈魂進步的快樂。前面提到，"我"是用來指稱用這個字說話的人，"我"其實是一個具指涉性而並非描述性的字眼，"我"可以縮小和擴大，只顧自己的利益和感受，就是"小我"。記得小時候有一次爸爸打姊姊，那種"打"不是現在講的"體罰"，而是用拖鞋、皮帶、衣架、膠水喉之類的東西狂抽。當時我心裏十分害怕，但同時又問自己："打的是姊姊，又不是我，為甚麼要害怕呢？”但我很清楚當時害怕的原因並非擔心會殃及池魚，而是感同身受，那就是“我”的擴大。“我”也可以擴大為“羣體”、“國家”、“宇宙”，甚至“超越界”，這可稱為“大我”，例如印度教講的“梵我合一”。

“自我”的確是一個意義繁多，且多有衝突的字詞，有時我們批評人“太過自我”，其實就是指摘他自我中心，凡事只顧自己，不理會別人的感受，自私自利、自以為是等等。有時我們又會說要“保存自我”，意思是要有個人的理想，不要人云亦云，隨波逐流。至於說“提升自我”，那就是提升自我的能力，最基本重要的就是人的“知、情、意”，還有一個神秘的“悟性”。從“悟性”的角度看，自我實現也有一個超越的導向，就是擴大自我到“超越界”，例如儒家追求的聖人、道家的真人、佛家講的成佛等等，都跟悟性有着密切的關係。

關鍵字再思考	**自我理解 / 自我實現 / 自我結構 / 理性 / 知性 / 感性 / 悟性 / 完善 / 超越**
相關篇章	**人生　　自由　　善惡**

未讀哲學之前我是唸藝術的，這時我有一件作品叫《意志自由》，肋骨內的雀鳥代表意志，但受困的意志真的是自由嗎？它要不斷對抗代表慾望的蝴蝶。後來讀了哲學之後，發現柏拉圖講的靈魂三分跟我這畫有着對應的關係，不錯，當時我欠缺的就是理性，這也可能是我轉讀哲學的預兆。

《意志自由》(1989)

作者：梁光耀
原作物料：油彩
尺寸：122 × 152cm

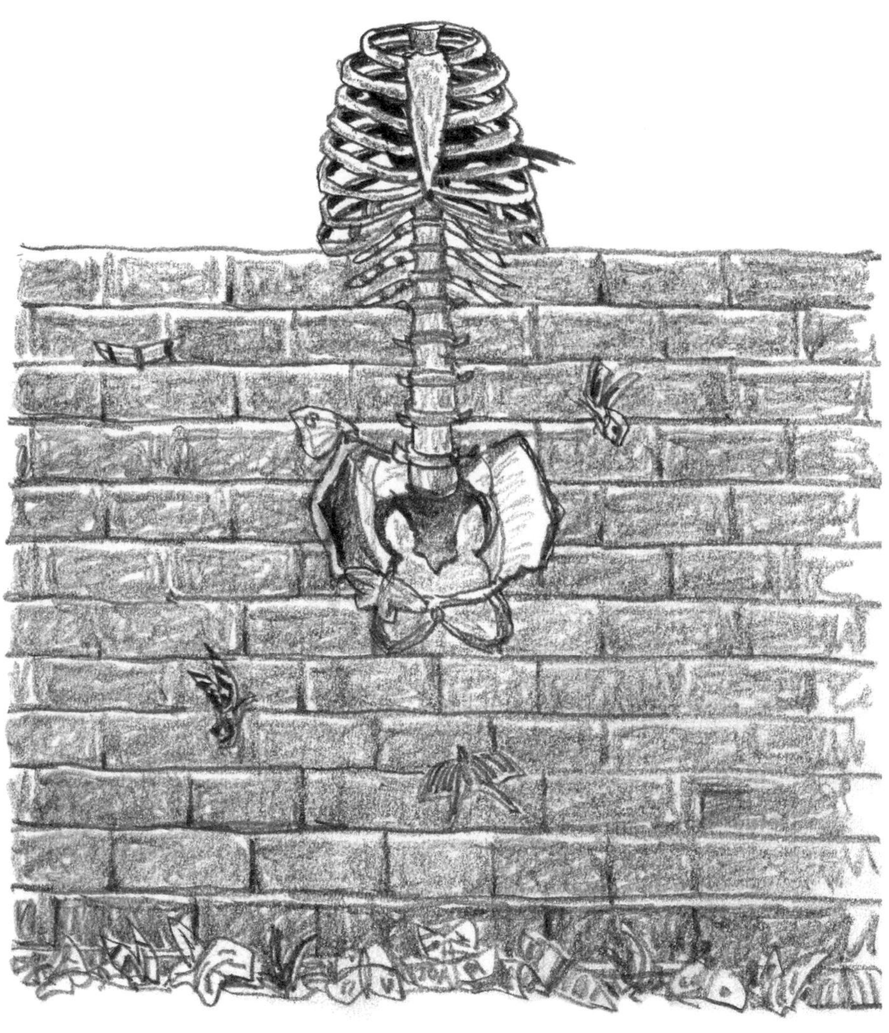

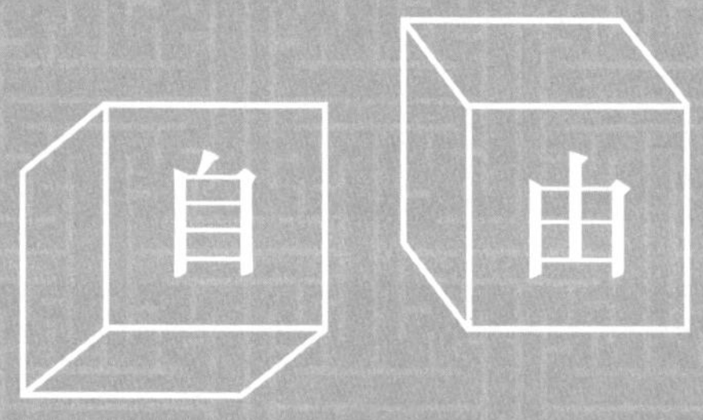

"自由是起點，也是終點"

讀小學時，放學後都必須立刻回到家裏，很少有機會跟同學到公園玩，偶爾有一次可以去的話，那種自由的感覺實在難以形容。即使常常被關在家裏，但總的來說，小時候卻又經常伴隨着一種自在的感覺。

一談到自由，我就想起盧梭的名句“人生而自由，卻處處在枷鎖當中”。小孩子常常會覺得自己沒有自由，例如他不能決定今天晚飯吃些甚麼，明天又不能不上課，更不可能像鳥兒在空中飛翔。他們總以為，長大之後就會跟大人一樣擁有很多自由。然而，大人反而羨慕小孩子無憂無慮、自由自在的生活。究竟是大人的自由多，還是小孩子擁有真正的自由呢？如果從外在限制來看的話，那當然是大人的自由比小孩子多；因為至少小孩子要受到父母的約束。但若是着眼於內心的自在，則恐怕是小孩子比大人更自在；因為小孩子不用工作，也沒有甚麼重大的負擔或責任，自然能無憂無慮地生活，小孩子即使有不快之事，睡一覺也就忘記了。不過，我認為還有一個原因，就是小孩子未有太多世俗的污染，跟實在界比較接近。跟柏拉圖一樣，我相信靈魂未投生到現世之前，是生活在自由自在的實在界。我們常說的“赤子之心”，大抵就是指小孩子自由活潑的心靈。

兩種自由

以上所講的兩種自由，大抵對應於所謂“外在自由”和“內在自由”。簡單來說，外在自由的核心意義就是行動自由，不受人為的束縛和限制，這樣就可排除自然律對我們限制的“不自由”，所以我們不可以像鳥兒般飛翔並非不自由。我們一般講的失去自由指的就是外在自由，例如被監禁，欠缺外在自由的典型人物正是囚犯。即使囚犯失去了行動自由，他仍可擁有思想自由，甚至是閱讀的自由。

外在自由的有無或多少，容易作客觀的判斷；但內在自由則是主體的感受，須由當事人來確認。內在自由的核心意義在於自主性，一種自己屬於自己的狀態，而奴隸正是欠缺內在自由的典型人物。一般所講的心靈自由、精神自由都屬於內在自由的範圍。內在自由有着不同的表現方式，例如孔子的“從心所欲而不逾矩”指的是道德方面；又例如像佛教和道教的打坐，達致心靜無欲，則是宗教修行；其中比較特別的是莊子的“逍遙遊”，這是一種帶有很強審美性質的精神自由，超越名利、是非、善惡，觀賞萬物的運行而又不會沉迷其中。事實上，藝術跟自由的關係最為密切，藝術家為了創造最好的作品，必須擺脱外在的限制和內在的束縛（如名利），這樣才能專心一意，自由創作。我認為內在自由涉及形上的層面，一個現世慾望很重、對外在事物十分依賴的人，是難以達致心靈平靜，體會到內心的自在。

英國哲學家以賽亞・柏林（Isaiah Berlin）所講的“消極自由”和“積極自由”，也對應於外在自由和內在自由的區分，不過兩者並非完全等同。柏林對消極自由的界定正是不受人為的外在限制；但他並不主張積極自由，因為提倡積極自由往往會導致自由的反面：強制和不自由。例如馬克思主義所講的“自由和解放”就是一種積極自由，但據此建立起來的政權卻使用勞改等方式，強迫人民接受它的主張。不過，我認為內在自由應該由自己去追求，不須政府來提倡，政府的責任只在於保護我們的自由不受侵犯。

人為的外在限制

柏林將消極自由定義為不受人為的外在限制，主要分為三種：

第一種　他人對我們身體的限制
第二種　國家或法律對我們行為的限制
第三種　社會輿論對我們造成壓力，產生限制我們行為的作用

決定論與自由意志

無論是外在自由或內在自由，都是人類自古至今所嚮往的，誰都喜歡無拘無束，自由自在，做自己喜愛的事情。不過，哲學上有一種理論叫做“決定論”（Determinism），它認為“自由”只是一種假象，人根本沒有自由意志，因為一切早就被決定了，我以為可以選擇上餐館或是看電影，完全是錯覺。決定論有着不同的版本，如果你相信上帝的話，就可能要面對上帝決定論。上帝決定論認為，既然上帝是全知，當然知道將來會發生甚麼事；換言之，未來已經是被決定了。被誰決定？那當然是上帝。也可以這樣說，上帝在創世的一刻，已經決定了一切，我們不過是照着上帝的劇本行事，耶穌被釘十字架固然是上帝的計劃，就連魔鬼作惡也是上帝所安排，誰人得救，誰人不得救亦都是上帝的旨意。如果你不相信上帝，只相信科學的話，也可能要面對因果決定

論。因果決定論認為，每一個事件（包括心靈事件）都是由於之前的原因所決定，而這些原因本身也是一連串的事件，亦是被之前所出現的原因所決定，這樣不斷向前追溯，於是有人認為大爆炸就是決定一切事物的第一因。最近神經科學的研究結果似乎進一步支持這種主張，有不少實驗顯示，在我們有意識作決定之前幾毫秒，大腦負責決策的前額葉皮質區早就有了反應；換言之，在我們意識到自己作決定前已經有了決定。但我懷疑這可否用來支持決定論，因為我們仍可以說"在意識到決定前我已經作了決定"，所以還是自己作決定。

本體 vs 現象

康德認為，現象界受因果律支配，我們並無自由可言，而道德實踐則必須預設人有自由意志，所以，道德和自由並不屬於現象界，只屬於現象界背後的本體界。

現象界	受因果律的支配，是科學研究的對象
本體界	是現象界的基礎，無法透過理性認識，但能通過道德實踐來把握

有人認為，如果決定論是對的話，我們根本沒有選擇的可能，所以也不需要對我們的行為負上道德的責任，殺人犯其實不得不殺人，惡人命定就是惡人。然而，根據決定論，也可以說我們是被決定要對我們的行為負上道德的責任。由此可見，無論情況怎樣，也可以用決定論來解釋，它根本不被任何可能的經驗證據所推翻。從這個角度看，決定論只是必然為真，卻缺乏經驗內容的空廢理論。

不過，我們也可以想像一種有經驗內容的因果決定論，例如二百多年前的法國數學家拉普拉斯（Pierre-Simon Laplace）就提出了一個思想實驗：一個高智能的存在，能知道所有自然律，並掌握一瞬間的所有經驗資料，那就可以對將來進行正確的預測。即使如此，我們仍然可以區分經驗上的自由和不自由，沒有被人為的限制或束縛，由自己決定的行為就是自由，所以我們仍然要為自己的行為負上責任，自由必須伴隨着責任。存在主義者沙特（Jean-Paul Sartre）甚至認為人注定是自由的，因為人不可避免要作出抉擇。沙特的名句是"存在先於本質"，意思是人其實並沒有本質，每個人都是獨特的，人是先存在，然後運用自由作出選擇，創造出自己的人生，並須為自己的行為負責。不過，我認為沙特誇大了人的自主性，好像人想成為甚麼就一定會成功似的，人也有着先天和後天的限制，我們不過是在這些限制的範圍內追求自己的目標。就以患有唐氏綜合症的病人為例，智能在先天上就受到很大的限制，即使怎樣努力也難以跟常人看齊。

自由權利的重要

人雖然有着各種限制，但仍有選擇和努力的空間，因為人有自由追求自己的人生意義和目標。在人類追求自由的歷史中，有兩個很重要的人物，一個是十七世紀的英國哲學家約翰・洛克（John Locke），他是自由主義的奠基人，首位將自由視為人基本權利的哲學家（生命和財產是另外兩種基本權利）。洛克認為，損害人的權利在道德上是錯的；因此將自由視為權利是對自由的最大的保障，而政府的責任就在於保護我們的基本權利。在聯合國的《人權宣言》中，屬於自由的權利就有：行動及遷徙自由（第 12 條）；思想、良心和宗教自由（第 18 條）；意見及表達自由（第 19 條）；集會及結社自由（第 20 條）等。要注意的是，“自由”和“權利”是兩個不同的概念，不要混淆，權利是合理的索取，所以一般來說，違反權利在道德上是錯的，例如我們有言論自由的權利，所以禁止言論在道德上是錯誤的；但限制人的自由就不一定是錯，例如不容許人有偷竊的自由。

自由與民主

跟自由主義相反的是極權主義，邏輯上，我們可以有極權的民主政治，或自由的權威政治，例如香港雖然沒有民主，但大家卻享有高度的自由。不過在經驗上，民主政治和自由主義最能配合在一起；因為在民主制度中，我們有權投票選舉統治者，也有權參與法律的制訂，這樣就能更有效保護我們的基本權利。

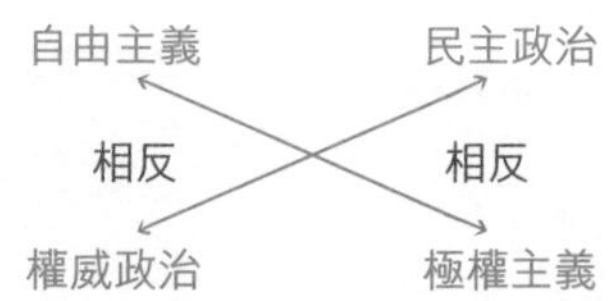

除了洛克之外，另一個對自由有重要貢獻的是十九世紀的英國哲學家彌爾（John Stuart Mill）。彌爾的貢獻主要有兩個，第一是指出自由和幸福的關係，由於每一個人的個性、興趣和潛能都有很大的差異，用傳統和習俗規範着每一個人，要大家過着同一種生活，都是有損個人潛能的發展。一般來說，沒有人比自己更清楚何種生活對自己最有益，有了自由，我們就可以自行探索，發掘自己的潛能，並盡量加以發揮，過着適合自己的幸福人生。由此可見，自由正是幸福的必要條件。特別重要的是思想和言論自由，沒有思想自由，我們又怎可訂下自己的人生目標；而通過自由討論，讓人提出異議，就能發現錯誤，減少出錯的機會，過往那些自以為擁有絕對真理的統治者，事後都證明是錯的。自由不單有助於我們發現真理，而且有利於創造新的事物，增加社會的多元性，令社會得以發展和進步。由此可見，自由不但對個人有利，對社會整體也有利。

自由的好處

- ▷ 每個人都可以發展他的潛能，追求自己的幸福人生
- ▷ 自由帶來創造，對社會的發展和進步很重要
- ▷ 通過自由討論，發現真理，避免錯誤

為自由設限

自由雖然重要，但也不可以毫無限制；因為沒有限制的自由必然會導致衝突和戰爭，正如哥德所說：“強者為所欲為，弱者懶惰倦怠。”該如何為自由設限才合理呢？記得小學時的社會科老師說：“人有自由做任何事，只要不傷害他人。”這就是彌爾主張用來限制自由的“不傷害原則”，也是彌爾對自由的另一個重要貢獻，為自由設限的同時，也表示在這個範圍內的自由是神聖不可

侵犯的。直覺上，這是一個近乎自明的原則，彌爾亦說它是一個易於遵守的簡易原則。舉個例，雖然我們有言論自由，卻不可以隨便在戲院大叫“火燭”，因為會造成混亂，導致傷亡。

自由 vs 傷害

我們有自由做任何事，只要不傷害其他人。不傷害甚麼？主要就是我們的基本權利，這需要法律來保障。但基本權利卻不是絕對，否則的話，任何懲罰都必須取消。

	保障		侵犯	
法律禁止的行為	▷	基本權利	◁	法律上的懲罰
謀殺		生命		死刑
禁錮		自由		監禁
搶劫		財產		罰款

然而，何謂“傷害”卻存在不少灰色地帶，傷害他人的身體和財物當然是傷害，但傷害他人的心靈又如何呢？那些令人感到不安、厭惡或憤怒的言行又算不算是“傷害”呢？像粗言穢語這類行為，很難說會造成甚麼實質的傷害，但可以肯定是“冒犯”；不過，身體的傷害和財物的受損可以客觀量度，比較起來，冒犯就較多主觀的感受。我認為，對於嚴重性的冒犯行為也應作出限制，不傷害原則並不是唯一限制自由的標準。此外，保護動物和環境也是對自由的合理限制。

至於那些只傷害自己而不傷害他人的行為又如何呢？比如說那些嚴重傷害自己的行為：自殺和吸毒。也許我們會說，阻止人自殺，或禁止人吸毒，都是為了當事人的重要利益，不得不限制他的自由。正如法例規定乘坐某些車輛要佩戴安全帶，那就是為了保障乘客生命的安全，但同時亦限制了他的人身自由。這種限制是合理的，因為若發生交通意外，不佩戴安全帶很有可能造成傷亡，而佩戴安全帶所限制的自由只是很少和短暫。至於未成年的人，心智尚未成熟，未有自主的判斷能力，為了保障他們的利益，限制他們的自由也是合理的，例如法例禁止與未成年者發生性關係，及強迫兒童接受教育。

很多表面上只傷害個人的行為，其實也有其社會代價，就以吸煙為例，由於吸煙所引致的各種疾病，其醫療費用非常巨大，而且政府也要花錢幫助戒煙人士。又例如沉迷賭博，亦會影響家人，令他們間接受到傷害。

自由帶來的問題

自從“自由”登上人類的政治舞台之後，引發了一連串革命，英國的光榮革命、美國獨立革命、法國大革命，某個意義下，都可以説是為了爭取自由；二次世界大戰時，盟軍也是以捍衛自由為其精神上的支柱。在今天的世界，仍有不少地方以爭取自由為政治的訴求，謀求改革。不過，在崇尚自由的現代社會，自由也帶來某些社會問題。不錯，跟古代相比，現代人擁有很大的自由，但同時亦產生很大的不安。因為有了自由，就會對自己抱有期望；然而，在競爭激烈的現代社會，大部分人都未能實現自己的目標，遭受挫折和失敗。難怪美國的心理輔導那麼盛行，其實中國人也有中國式的心理輔導，那就是看相算命。

雖然說自由必須有所限制，不是真的可以為所欲為，但其實當中也存在不少灰色地帶；而且崇尚自由又會容易產生濫用自由、放縱及自我中心等問題。舉個例，前一陣子氣溫急降，大帽山出現結霜現象，吸引大批市民擁到山上觀看，但因為路面結霜，導致不少人滑倒，政府為了市民的安全，決定封山，竟然有些人強行登山，還說政府侵犯他們的自由權利，但他們忘記了若困於山上，還不是需要他人來救援嗎？

但對“自由”批評得最多的還是在自由經濟方面。在資本主義這種自由經濟體系中，注定是貧富懸殊，形成不同的階級，通常經濟利益又會跟權力和聲望等連在一起，結果是高階層的人士佔有大部分社會利益，經濟不平等又會直接影響低下階層所擁有的機會，使階級延續到下一代，貧富的差距就越來越大。

自由主義者認為人人都享有人權就是平等，對於“經濟不平等”的批評，自由主義者多數認為是合理的，不過他們會強調機會平等，過去對女性入職的歧視就違反了機會平等。亦有些較重視平等的自由主義者，例如當代美國哲學家洛爾斯（John Rawls），他主張在起步點上應盡量做到平等，給予先天資質及後天環境較差的人多一些社會資源。至於那些在競爭下失敗的人，則需提供社會安全網，讓他們可以重新站起來。從社會功能的角度看，報酬的不平等不但有激勵的作用，亦有助於選拔合適的人來擔任相關的工作，例如醫生，除了天資之外，也需要長時間的訓練，如果沒有高報酬的話，就不可能吸引適合的人做醫生。也就是說，有能力和有貢獻的人，應得到多一些社會和經濟利益。相信在未來的一百年，這種“不平等”還是難以消除。的確，自由能帶來繁榮，這也是自由經濟優於計劃經濟之處。

洛爾斯的公正原則

洛爾斯的兩個公正原則可分為三部分，平等自由原則優先於均等機會原則，均等機會原則則優先於差異原則。

公正原則
- 平等自由原則（每一個人都擁有相同最大的自由權利）
- 社會及經濟利益的不平等分配
  - 差異原則（對社會上處境最差的人有利）
  - 均等機會原則（職位和工作對所有人開放）

不少人賦予“自由”很高的價值，有所謂“不自由，毋寧死”的說法，意思大概可以了解為“寧願死去，也不願失去自由”。但我認為自由的獨特之處在於其先行意義，有了自由，我們就可以追求理想，實現其他價值；因為自由意味着選擇，選擇實現何種價值，選擇過一個怎樣的人生。當然，最後不一定成功，但結果也是公平的。正如打麻雀，假定沒有人出千的話，即使最後有人是大贏家，有人是大輸家，這樣的結果也是公平的。因此，在現代多元化的社會，我們最需要的就是公正的制度，讓大家自由和公平地競爭，此所謂“自由先於平等，平等跟隨自由”。

自由也意味着多元的價值，這些不同的價值又可能存在潛在的衝突，但在民主的社會，我們可以通過協商達成共識或妥協。在價值多元之下，發生衝突也是無可避免的，正如柏林所講，“協商是解決紛爭的方法”。由此可見，容忍和說理是現代社會的兩個重要德性。

還有，要捍衛自由，避免自由的濫用，及使大家能作出更適合自己人生目標的選擇，抵抗廣告和政治的宣傳，在教育上，我們必須訓練學生批判思考的能力，這樣他們才能夠作出合理的選擇。

關鍵字再思考　外在自由 / 內在自由 / 決定論 / 不傷害原則 / 基本權利 / 幸福 / 公正制度 / 多元價值

相關篇章　人生　自我　善惡

自從1789年爆發了法國大革命之後，“自由”就成為法國人追求的目標。法國畫家德拉克羅瓦（Eugène Delacroix）有一幅名作，叫做《自由女神領導羣眾》（*Liberty Leading the People*），這件作品是講述巴黎於1830年發生的七月革命（July Revolution），反抗國王查理十世（King Charles X）的專政。此畫用筆豪放，色彩強烈，屬於浪漫主義的風格，“自由”與“浪漫”真是天生一對。

《自由女神領導羣眾》（1830）

作者：德拉克羅瓦
原作物料：油彩
尺寸：260 × 325 cm
現存：巴黎羅浮宮

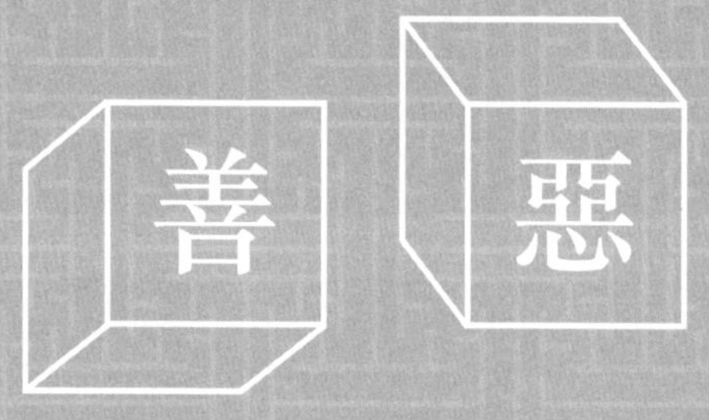

"只有至善，沒有至惡"

兒童讀物的角色總是善惡分明的，例如狼就永遠都是壞角色，《三隻小豬》、《小紅帽》及《狼來了》等故事中的狼都是如此。跟很多小孩子一樣，小時候看電視我也最喜歡問誰是好人，誰是壞人；也會認為好人必有好報，壞人必有惡報。有一段時間我走在街上，最喜歡就是憑人的行為舉止判斷其為好人或壞人。

長大了之後，才知道人其實十分複雜，善惡二分未免太簡單了。有時我們會根據別人的態度分為好人或壞人，對自己好的就是好人，對自己差的就是壞人；但其實一個對我差的人，可能對他的家人十分好；一個對家人不好的人，也有可能對朋友十分好。或者可以這樣說，好人就是經常做出善行的人，壞人就是經常做出惡行的人；有時好人也會說謊，壞人也會幫人。當然，好人和壞人之間也有不同的程度。

但甚麼是善惡呢？善惡有兩個相近但又並非等同的意思，一個是非道德的，善是指滿足我們的慾望，惡是指慾望得不到滿足，善就是正的價值，惡就是負的價值；而另一個則具有道德意義，簡單來說，善就是利他的行為，道德上對的，惡就是傷害人的行為，道德上錯的。也可以這樣說，利己是非道德的善，利他則是道德的善。但利己不等於損人，正如先秦時隱士楊朱所說：“人人不損一毫，人人不利天下，天下治矣。”不拔一毛以利天下，但也不取人家的利益，這樣人人的利益都沒有損害，不就是天下太平嗎？雖然利己和利他也不一定有衝突，但經驗告訴我們，為了幫助別人，好人往往要犧牲自己的金錢和時間，這樣難免會損害自己的利益。

善惡 vs 道德 vs 對錯

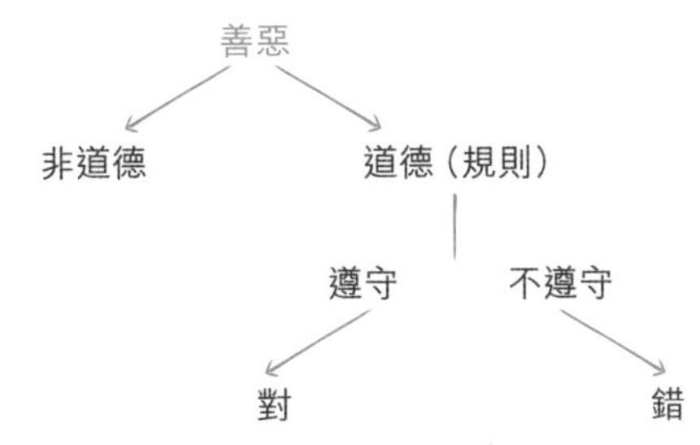

道德是主觀的、相對的，還是客觀的？

有人認為善惡是相對的，因為一個文化認為是善的東西，另一個文化可能認為是惡。例如古希臘社會認為奴隸制度是對的，但現代社會卻認為是錯的；基督教文化認為同性戀不道德，但重視人權的現代社會則傾向支持同性婚姻合法化；漢族認為土葬是對的，但西藏人卻認為天葬才是對的；食人族認為殺人來食並沒不妥，我們卻認為是極之不道德。

以上的例子真的可以證明道德是相對嗎？我認為只是以偏概全，因為不同文化或社會都可以找到相同的道德價值，例如殺人和偷竊是錯誤的，誠實和守信是對的。即使是盜賊，也不會認為偷竊是對的，因為他也不願意自己的財物被盜，在盜賊集團內，也不會容許偷竊這種行為。社會之所以能夠存在，基本條件之一就是成員必須遵守某些共同的（道德）規範；即使是食人族，也不會殺死自己的同胞來食，否則的話，食人族一早就滅亡了。

即使不同文化或社會有着不同的道德規範，但並不表示這些規範都是正確的，例如奴隸制度就永遠都是錯誤的，因為它剝奪了人類兩個重要的東西：尊嚴和時間。另外，有時不同文化的道德規範只是表面上的差異，背後其實有着相同的道德價值；例如傳統漢族認為土葬才合乎道德，根據是入土為安，那是愛的表現，西藏人卻認為天葬才是對的，因為他們相信這樣可以令死者的靈魂升天，同樣也是愛的表現。這些差異只是由於信仰、認知、生活環境和歷史等因素所造成。

如果道德相對主義成立，道德判斷只是相對於某個文化或社會才有真假可言；那麼我們根本不可以批評其他文化或社會的道德觀。例如傳統伊斯蘭文化認為女子不應上學讀書，不就是歧視女性和違反人權嗎？別忘記這種父權家長制的規範也曾出現在過去的中國和西方社會。

反駁文化相對主義的理由

1 不同文化或社會存在相同的道德價值或規範
2 不同道德規範只是事實的描述，並不表示它們一定正確
3 不同道德規範背後可以有着相同的道德價值
4 批評不合理的道德規範，社會和文化才得以進步

另一種相對主義存在於個人層面，一個人認為是善的行為，對另一個來說可能是惡，道德判斷只是一個人的好惡，這可稱為道德主觀主義，是一種極端的相對主義，它比文化相對主義更嚴重，因為文化相對主義尚承認在一定的範圍內，道德是具普遍性的，大家必須遵守。如果道德真的是主觀，人人都有自己的標準，其混亂可想而知，社會秩序也難以確立。

要反駁這種道德主觀主義很容易，我們可以先假定它成立，然後推論出自相矛盾，就可反證它不成立。如果道德只是個人的意見，則每個人的道德判斷都是真的（假設大家都是真誠地報告自己感受）；如果每個人的道德判斷都是真的話，就不可能存在道德的爭論，正所謂“蘿蔔青菜，各有所好”，沒有爭論可言，但事實上存在着道德的爭論，所以道德判斷就不只是個人的意見。還有，如果每一個道德判斷都是真的話，人根本不可能犯錯，但這

明顯不合乎事實。

如果道德不是主觀，也不是相對；那麼，道德就一定是客觀的嗎？如果客觀是指存在普遍道德原則或價值的話，例如仁愛、正義和人權等，那道德當然是客觀的。從社會秩序方面來講，如果沒有“不可殺人”、“不可偷竊”、“守承諾”等道德規範，社會根本不可能存在，由此可見，這些道德規範具普遍性，要注意的是，普遍並不等於絕對，絕對的意思是毫無例外。如果從理想社會方面講，公正是缺不可少的，人權也是一樣，試想那些人權被踐踏的社會，也不配叫做理想的社會，因為人的尊嚴得不到保障。

道德相對主義、主觀主義與客觀主義

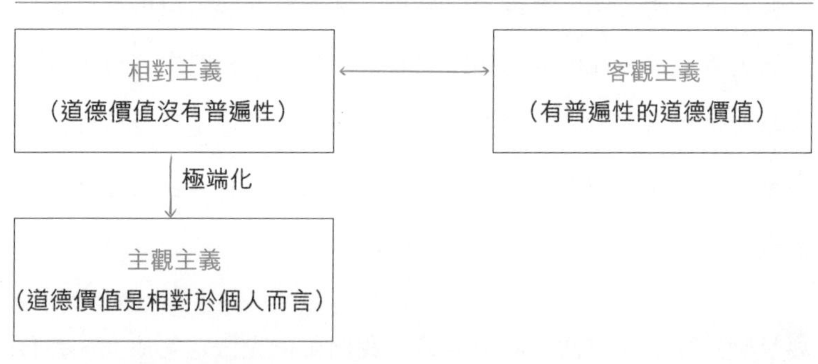

但客觀還有一個強意義的版本，那就是存在終極或絕對的道德原則，例如功利主義講的功利原則（principle of utility），及康德倫理學講的定言律令（categorical imperative）。這兩個都是現代西方倫理學的重要理論，而它們對道德的看法正好各執一端，功利主義只計算後果，不理會動機；康德則只看動機，忽略後果。

動機與後果

一般來說，我們評價一個人的行為會同時考慮其動機及後果，但通常傾向偏重於後果。例如有人好心做壞事，我們還是會加以譴責；有人無意中幫了自己，我們還是會感謝他。不同階層亦有所偏重於動機或後果，比如說小孩子做錯事，低下階層的父母多以後果的嚴重性施加懲罰，而中上階層則多會先了解孩子的動機。某個意義下，法例的制定及法官判案也是這種常識的反映，動機和後果都要考慮。例如謀殺就比誤殺嚴重，雖然後果是一樣；謀殺也比意圖謀殺嚴重，雖然動機是一樣。

為甚麼功利主義不理會動機呢？因為他們相信人的動機都是好的，惡的出現只是出於無知，這其實是受蘇格拉底的主知思想影響，蘇格拉底認為沒有人是自願犯錯的，行惡只不過是缺乏善的知識。但問題是，惡也可出於邪惡的動機，蘇格拉底和功利主義似乎對人性過分樂觀，不妨稱之為西方版的性善論。但根據甚麼後果來判定呢？功利主義認為，那是牽涉所有人的快樂和痛苦，如果計算結果是快樂大於痛苦，那行為就是對；若是痛苦大於快樂，那就是錯的。例如，一般來說，殺人是錯的，因為被殺者固然喪失了將來的快樂，其家人和朋友也會傷心難過。對功利主義來說，行為本身並沒有固定的道德價值，只視乎後果而定。

功利主義的道德思考

第一步　考慮目前可以選擇的行為有多少個
第二步　計算每一個行為所帶來的快樂和痛苦
第三步　選擇快樂減去痛苦之後最大值的那個行為

至於康德，他認為如果道德是由行為的結果來判定，就會缺乏普遍性和必然性，道德只有出於善良的動機，亦即是善良的意志，才可確保它的普遍性和必然性，因為善良的意志是唯一永遠是善的東西，其他東西都不是永遠的善，例如“聰明”是好的，但聰明也可以用來欺騙人，那就是惡了。但甚麼是善良的意志呢？那是出於履行責任的動機。換言之，只有出於履行責任動機的行為才是道德的。可是，根據康德的標準，很多一般人認同的道德行為都變得沒有道德價值，例如出於令人快樂的動機去幫助人，雖然幫助人符合康德所講的義務，但由於不是出於履行責任的動機，所以並沒有道德價值（沒有道德價值並不等於不道德）。但如何知道這是我們的義務呢？康德認為，我們的理性就足以告訴我們甚麼是義務，理性會頒布定言律令來指導我們的行為。定言律令有兩個面向，一個是普遍定律，可普遍化的行為就是我們的義務；另一個是尊重原則，尊重原則有兩部分，第一是將人當成目的來看待，第二是不要將人當成純粹的手段。就以“殺人”為例，這個行為不可以普遍化，因為沒有人願意這個行為為天下人所效法，而且殺人就是不將人當成目的來看待，所以我們有義務不殺人。

康德對行為的分類

行為	道德價值	例子
違反義務	不道德	不遵守承諾
符合義務，但不是出於責任的動機	沒有道德價值	為了得到人的信任而遵守承諾
出於責任的動機	道德	將遵守承諾當成義務

然而，我們的行為背後往往有着複雜的動機，既有出於責任的動機，亦會考慮後果的嚴重性；所以從康德的角度看，我們的大部分道德行為都是不純粹的，也許他所講目的王國只是一種理想，我們只能以此為道德進步的指標，卻永遠不能達到。

如果說康德的問題是將道德定義得太窄，排斥了一些常識所認同的道德行為的話；那麼，功利主義的問題就是將道德定義得太闊，將一些常識認為非道德行為當成有道德價值。設想一個人像魯賓遜般留落荒島，而荒島上只有兩種食物，一種是魚，另一種是野雞，這個人喜歡吃魚，但不喜歡吃雞，若根據功利主義的標準，就會判斷這個人吃魚比吃雞更道德，因為這會帶給他更多的快樂。可是，我們會質疑這樣使用道德這個字詞，正如美國哲學家杜威所說："當一個人的行為涉及品德或他人的時候，才有道德意義"，看來功利主義是混淆了道德的善與非道德的善。

康德的另一個問題是當兩個義務出現衝突時，他不能告訴你哪一個較重要。例如二次大戰的時候，納粹黨問你猶太人藏身在哪裏，你知道他們的下落，也知道他們一旦被納粹黨發現的後果，你應該怎樣做呢？從康德的立場看，你面對兩個義務之間的衝突，一個是"救人"，另一個是"講真話"。如果你要履行"講真話"的義務，就救不到人；但如果救人的話，就得說謊。從常識的角度看，當然是救人比說真話重要，這正是兩害取其輕，也就是考慮後果的嚴重性。

表面上看，功利主義的好處是能夠解決道德的爭論，因為可以通過計算行為所產生的快樂和痛苦來判定。但其實計算後果也有其問題，我們真的可以比較不同的快樂或痛苦嗎？而且，後果也會產生後果，如此類推，究竟要計算得幾長遠呢？通常越長遠的後果就越難確定。

功利主義 vs 康德倫理學

	理論類型	道德的基礎	終極原則	困難
功利主義	後果論	經驗	功利原則	難以計算快樂
康德倫理學	義務論	理性	定言律令	義務衝突

老子與尼采的說法

儒家思想也屬於道德客觀主義，儒家認為人性本善，人先天就具備判斷是非善惡的能力。可是，儒家思想在漢代定為一尊之後，就變得專制和封閉，忠、孝、貞節等價值絕對化之後變成了吃人的禮教，正所謂“餓死事小，失貞事大”，將道德價值或道德規範絕對化的話，就有可能導致“以理殺人”的禍害。其實在儒家未定為一尊的先秦時代，老子就已經對儒家的道德觀作出批評，他針對的正是道德的普遍性和強制性。

老子說：“天下皆知善之為善，斯不善已。”當大家都將某行為奉為絕對好的話，就會對人產生壓制，例如主張母親節要跟母親出外吃飯才是“孝”，沒有這樣做的人就是“不孝”，老子認為，這樣標榜道德不但會對人造成壓力，而且會被人利用，及產生虛偽的問題。不過，老子並不是完全反對“道德”，只是儒家講的仁義並非最好的道德，正所謂“大道廢，有仁義”。老子認為人性是自然樸實的，儒家的仁義只會扭曲人性。

跟老子相似，尼采對道德的批評也是着眼於道德的普遍性。尼采對道德的批評可歸納為三個要點：普遍主義、平等、無私。雖然他針對的是基督教，但這三點也適用於一般對道德的看法。所謂普遍主義就是指道德對所有人都有規範性，但尼采認為每個人性格和能力都有差異，強迫每個人都接受同一套道德觀，就會壓制人性，扼殺人的創造性。既然人在各方面都存在差異，在道德尊嚴上也不例外，有些人的生命價值比另一些人更高是很自然的，而平等只會將人拉平，令人變得平庸，妨礙強者的出現。尼采認為道德的真正目的是自我完成，而無私的主張根本就是反道德的，因為它將他人利益置於個人之上，不利於個人價值的實現。

尼采對道德的分類

尼采認為基督教的道德觀只會令人變得頹廢、軟弱和馴服，是有害生命的；他主張一種能夠提升生命價值的道德，生命價值是以精神力量的大小來釐訂的。

羣體道德	羣體形成的基礎是恐懼，因此羣體會強調平等一致，憎恨差異和獨立	基督教的道德是羣體道德和奴隸道德的混合形態
奴隸道德	自我否定，是頹廢者，心中充滿怨恨	
主人道德	自我肯定，是生命力和創造力的表現	古希臘人的道德
超人道德	結合強者的自我肯定和弱者的創造性精神，揚棄主人的野蠻及奴隸的怨恨和報復	未來出現的道德

尼采認為理想的人是充滿生命力和創造力，不斷超越自己的弱點

和限制，他稱之為“超人”，而接近這種理想完形的有哥德和貝多芬，他們都是在文化和藝術上有巨大創造力的人。尼采主張四種有助人超越自己的德性：勇敢、真誠、孤獨和獨立，勇敢使人敢於冒險，創造新的價值；真誠的人不會自欺，能夠面對自己的弱點；孤獨和獨立能使人在羣體的壓力下，仍能保持自己的個性和見解。這四種德性也是互相關聯的，例如真誠需要勇敢，否則人就難以面對殘酷的真相。

老子和尼采的“善惡觀”都有相對主義的成分，但跟之前所講的文化相對主義不同；雖然他們重視的是個人的價值，但亦非一般意義的利己主義，無以名之，姑且稱之為“個人相對主義”。不過，老子強調的是避免禍害，自我保存，而尼采關注的則是生命力量的提升；老子有超越層面的嚮往，尼采則否定形上的世界，只講現世的自我超越。

尼采為我們展示出“道德”的另一個向度，那就是自我實現，跟德性有密切關係。由於每個人的背景、性情、能力和興趣都不同，所追求的人生目標亦不同，究竟那種德性才適合自己，個人就有很大的選擇空間。正如尼采所說：“一個人必須發明對其生命及自我成長的德性及定言律令，否則的話就會對其生命提升有害。”要成為一個成功的運動員，跟成為一個傑出的藝術家，需要的可能是不同品德的組合。但無論要達成何種人生目標，某些德性是共通的，例如勤奮、勇敢、智慧、忍耐、克制等。

從德性的角度看，好人和壞人的定義又跟之前有所不同，好人就是品德好的人，壞人就是品德差的人；由於品德是多元的，好人和壞人就不單是程度之分，而是種類之分，而且一個人可同時具備某些好的品德及差的品德，不過好品德之間是有相連性。例如孔子講智、仁、勇三達德，老子有慈、儉、讓三寶，柏拉圖則重視智慧、勇氣、節制和公正這四種德性。

道德規則隨環境更新

以上的討論涉及三個道德理論的類別，有後果論、義務論和德性論，但其實還有一類道德理論，叫做契約論，道德只是大家運用理性，協議出來的一些規則，目的是避免衝突，而且可以互相合作，令大家生活得更好，例如英國政治哲學家霍布斯就是這樣了解道德。我們可以想像，當一個人在孤島生活時，他的行為沒有所謂對錯，但仍有非道德的善惡可言，但如果多一個人來到島上，兩個人的慾望就有可能出現衝突。例如只有一個蘋果，大家都想吃，滿足我的慾望就會損害你的利益，反之亦然。這個時候我們就需要規則，例如誰先發現就誰擁有蘋果，又或者將蘋果平分，令大家可以合作，和平共處，這些規則就是道德。從這個角度看，道德規則只是一種設計，用來增長大家的利益和減少彼此的衝突，換句話説，道德是一種發明和創造，道德也會不斷更新，因為有一些規則比另一些更能增長利益或減少衝突，而且環境也會不斷改變，舊的規則可能不合事宜。

不過，這種主張不能解釋為甚麼有人會犧牲自己的生命來拯救他人，只有用“愛”才能解釋，我也認為道德的動力在於“愛”，無論是儒家的仁愛，墨家的兼愛，基督教的博愛，佛教的慈悲，都是愛的不同描述。愛是人的本性，是先天的；不過，善惡的判斷還是需要學習和相關的知識，這就是後天的。由於環境的改變，善惡的標準也需要不斷更新，未來人類進入太空時代，也會有新的標準，但道德的根源卻是永恆不變的。

關鍵詞再思考	**道德規範 / 相對主義 / 主觀主義 / 客觀主義 / 後果論 / 義務論 / 德性論 / 契約論**
相關篇章	**自我　　人生　　自由**

這張畫是米高安哲奴（Michelangelo）名作《創世紀》（*Genesis*）的局部，講述亞當和夏娃受蛇的引誘，吃了能夠辨別善惡的果子之後，被上帝逐出伊甸園。我一直覺得很奇怪，為甚麼懂得分辨善惡是一件壞事？我現在的看法是，在天上界根本沒有惡，所以毋須分辨善惡，但這個我們投生的世界則是善惡並存，所以我們到世上要學習的就是分辨善惡。

《創世紀》局部（1508-1512）

作者：米高安哲奴
原作物料：油彩
現存：梵蒂岡西斯汀教堂

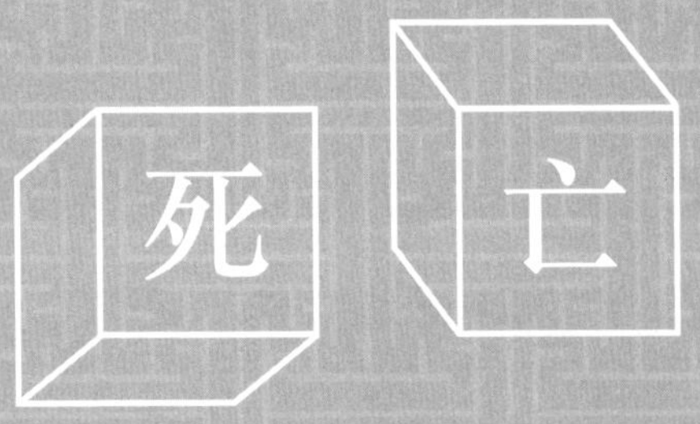

"我們不一定會老，卻一定會死"

大概是六歲的時候，當我得知人死了就不會再回來的事實後，晚上竟然哭起來，心想："既然人會死，為甚麼要出生呢？"現在回想起來，這就是我第一次面對死亡的恐懼。

根據專家的研究，很多兒童都曾有我以上的經歷，有些甚至更早，四歲就碰過死亡的困擾。不過，死亡的問題通常都是一閃即逝，很快就會忘記，也不會造成很大的困擾；因為對小孩子來說，死亡還是十分遙遠。但隨着年歲的增長，尤其是目睹親友的離世，死亡問題的困擾可能會重來，特別是青少年比較敏感，那些遭遇挫折的青少年甚至會想："如果死亡只是一種結束，為甚麼不可以早一點自我了結呢？"

要解決死亡的困擾，就先要了解死亡。為甚麼我們會恐懼死亡？死亡究竟又是怎麼一回事呢？正如柏拉圖所說："哲學是對死亡的練習。"由於死亡帶來極大的不安，探究和面對死亡正是哲學的首要工作。

為甚麼害怕死亡？

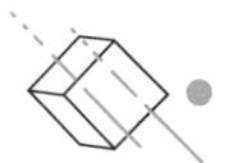

初步來看，我們對死亡的恐懼大致可分為三種，第一種是跟痛苦連在一起，很多人都是由於疾病而身故，死前要飽受病魔的煎熬，難怪有人認為所謂"好死"就是在睡夢中無痛苦地死去；第二種是害怕失去重要的東西，例如親人；第三種是害怕自己不存在，自我意識的喪失。而我小時候面對死亡的恐懼主要是第三種；有部分屬於第二種，因為死亡之後就再也見不到父母、老師和同學了，由於一切人際關係頓然消失而產生恐懼。

如果死亡是不好的話，那試想一想，沒有死亡是否會更好呢？如果沒有死亡，人口就會不斷膨脹，除非我們禁止生育，而且四周都是老人，世界也會變得無聊和沒趣，長生不老也有可能是一件十分痛苦的事。但更大的問題是，當我們擁有無限的時間，就不會珍惜時間，正正是人生有限，我們才會作出選擇，努力實現自己的人生目標，這樣看來，死亡反而令得人生有意義。明白到這一點，死亡就不是想像中那麼可怕。這令我想起黑澤明的一部電影《流芳頌》，故事講述主角因面臨死亡而反省自己的人生。主角渡邊先生是一個老公務員，工作態度從不認真，凡事總是得過且過，但當知道自己患上絕症後，立志要在臨終前做一件有意義的事，那就是興建一個公園，實現了居民的多年願望。

但一旦認真地想一想自己終有一天會離開這個世界，心裏亦難免產生恐懼，也許這就是大部分人不能正視死亡的原因，他們試圖逃避"死亡"。逃避一些可以逃避的事並不一定有問題，例如逃避災難、暴政、惡人、噪音等都沒有錯；但若逃避一些無法逃避的東西就是不理性，例如死亡。所謂逃避"死亡"就是指不正視自己的死亡，正如存在主義哲學家海德格所說，我們並沒有認真對待自己的死亡，我們只是談論別人的死亡，彷彿死亡跟自己沒有關係，他主張"人是走向死亡的存在"，就是要將死亡拉到眼前，就像臨死的人一樣，直視死亡，這樣生命才真正屬於自己。試想一想今天就是你的最後一天，人也會變得真誠，並且趕快完成真正重要的事。正所謂"人之將死，其言也善"，的確有幾分道理。我也十分佩服古希臘的哲學家，因為連講邏輯三段論也不忘提醒我們：人是會死的。

三段論

所有人會死
蘇格拉底是人

因此，蘇格拉底會死

三段論由兩個前提和一個結論組成，雖是常見的論證，也有不同的種類，以上論證的前提和結論都是由定言命題（共有四種形式："所有 A 是 B"、"沒有 A 是 B"、"有 A 是 B"、"有 A 不是 B"）組成，稱為定言三段論。

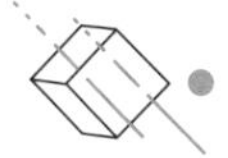

正視死亡

反觀中國傳統文化，可以說是一種逃避"死亡"的文化。先秦時候就已有追求長生不死的方士，後為道教所繼承，雖然表面上看似是很積極，說要"超越死亡"；但明知人皆有一死，不過是一種變相的逃避死亡。的確，中國人最忌諱死亡，我們很少會直接說"某人死了"，除非你想詛咒他，而是用"去了"、"不在"、"仙遊"，甚至"旅行"來代表。記得小時候有一次在家中唱歌，歌詞中有"死"字，父親聽到，結果被打了一頓，現在回想起來，父親打得那麼狠，正反映出他心中對死亡的恐懼。中國人不喜歡談論死亡，可能跟儒家有關，孔子不正是說"未知生，焉知死"嗎？當然，孔子並非畏懼死亡，他要強調的是積極努力的人生，少理會死後的事。但我的看法剛好相反，就是"未知死，焉知生"，生死乃人生大事，正所謂"生死事大，迅速無常"，能正視死亡，人生才有更大的意義。

儒家如何克服死亡

受了孔子的影響，儒學之士並不關心死後的世界，重要的是盡做人的責任，其他的事都不用太擔心，這就是“義命分立”。有時覺得儒家唱高調，動不動就說“殺身成仁，捨生取義”，儘管口頭上動聽，但對一般人的幫助不大。我反而認為儒家克服死亡的最有效方法還是“立德、立功、立言”，能立這三者，必然名垂千古，某個意義下，留名於世就是一種永恆。

要正視死亡，就要了解死亡是怎麼一回事。死亡意味着人生的終結，肉體的毀壞，但是否表示自我意識一定會消失呢？大部分宗教認為人死後還有生命，死亡只是肉體的消失，人的靈魂是不滅的，會繼續以別的方式存在。但在現代社會，很多人不自覺地以一種唯物的角度來了解死亡，人的意識不過是腦部的活動，人一死，意識就會消失，而現代醫學的唯物論成分很重，醫學界不就是以腦死來界定死亡嗎？但要注意的是，科學並不等於唯物論，科學也不一定要預設唯物論的觀點。科學是以講求證據和驗證的方法來研究事物，而唯物論則是一種哲學立場，認為只有物質是真實的，將心靈或意識還原到物質。其實唯物論也不是甚麼新鮮的事，古希臘已經存在，唯腦論不過是現代版本的唯物論。

古希臘哲學家伊壁鳩魯（Epicurus）就是唯物論者，他認為，人只是原子的組合，死亡不過是原子的分離，不相信有死後的生命。他更指出，人根本不應該懼怕死亡，因為我們生存的時候，死亡還未到來，到死亡到來，我們已經不存在，恐懼一些我們不會經歷的事是不理性的。但他的論證只能夠消除前面所講的第二種恐懼，因為死亡表示你已經不存在，也無所謂失去其他東西，卻沒法消除另外兩種對死亡的恐懼。

我認為莊子面對死亡的態度就比伊壁鳩魯高明得多。莊子的妻子去世，他不但不悲傷，反而在家裏鼓盆而歌，有人問他為甚麼這樣做，莊子回答人不過是由氣所形成，死亡不過是回歸於氣，為何要悲傷呢？後來莊子快要死了，學生說要好好安葬他，莊子卻說葬在地下是給螞蟻吃，丟在荒野是給老鷹吃，為甚麼要厚此薄彼呢？莊子認為，人的形軀跟萬物一樣，都是由氣所形成，生死不過是萬物之間的轉化，明白萬物一體的道理，就能順應自然的變化，做到適時處順，哀樂不入，不再好生惡死。當然，莊子這種看破生死的精神不是容易達到，它需要有灑脫的心靈，也要有將生死看得透徹的智慧。雖然莊子沒有說明死後的世界，但他所說的"道"其實就是本源，死亡不過是回歸道，回歸本源。如果將莊子的氣化理論解釋為唯物論，那就是大大誤解了莊子的思想。

死亡之後

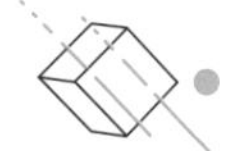

如果唯物論成立的話，人死了甚麼都沒有，那人生又好像沒有甚麼意義；但之前我們不是說過，正是死亡使得人生有意義，這不

是弔詭嗎？不過，佛教認為，人死了之後並不是甚麼都沒有，正所謂“萬般帶不走，唯有業隨身”。從佛家的角度看，唯物論是完全錯誤的，將肉體等同自我是“身見”，認為人死後就甚麼都沒有是“斷滅見”，身見和斷滅見屬於佛家所講的八種惡性見解之二，持這兩種惡見者死後很有機會墮入地獄，這些人沒法相信有死後的世界，他們會以為自己還活着。正如《鬼眼》（*The Sixth Sense*）這部電影中的心理醫生，以為只有精神分析可以治癒人的心靈，卻連自己死了的事實也不知道。

但這裏有兩個問題，第一，如何證明佛家所說為真；第二，如果真的有死後世界，那就會產生另一種對死亡的恐懼，一種對陌生地方的恐懼，也有可能會到一個極端痛苦的地方——地獄。或許這才是我們對死亡的最大恐懼，也可能最有普遍性。很多生活不如意的人或患重病的人都不想死，原因就是對死後世界的不確定。恐懼很多時是源於對事情的真相不了解。中國禪宗六祖惠能快要死的時候，他的弟子哭個不停，於是惠能對他們說：“如果你知道我死後會到甚麼地方，就用不着傷心了。”由此可見，惠能確知他死後的去處，並且是一個不錯的地方。

對死亡的恐懼

當然，從唯物論的角度就會否定靈魂和死後的世界，甚至否定宗

教，馬克思正認為宗教是人民的鴉片煙，但，真的嗎？佛陀說法多年都是在欺騙大家嗎？他有甚麼得益呢？耶穌為了傳道而不惜犧牲生命，也是在弄虛作假嗎？蘇格拉底在臨死前還給學生和朋友説明靈魂轉世的意義，這個自稱無知的人為甚麼會說得那麼肯定呢？

如果人死後還以某種形式存在的話，這可稱為終後經驗，那死後的世界就可被驗證，當然，只有當事人自己親證；相反，如果人死後如燈滅，甚麼都沒有，那就沒有相若的證據。所以，某個意義下講，死後的世界只可能被驗證，而沒法被否證。但對於未死的人來講，又憑甚麼相信有死後的世界呢？我認為有三種證據可以支持，第一，有瀕死經驗的人都有類似遭遇，例如遇見死去的親友；第二，有人聲稱有前生的記憶，例如早前有一本書暢銷書叫做《前世今生》，就是有關輪迴轉世；第三；有人聲稱到過死後的世界，並告知我們有關天堂和地獄的狀況，例如最近就有一小孩宣稱到過天堂，並且見過耶穌，他還說耶穌有點胖，不像平時我們所見到的形象。我認為，第三種證據比較強，因為這些人大部分是靈能者，擁有跟死後世界溝通的能力。然而，這些人的報告可信嗎？當然，為了名利，弄虛作假者是有的；即使是貨真價實的靈能者，但若修養不高，加上怪行奇言，亦難取得世人的信任。當然亦有值得信任的靈能者，例如在十八世紀，有一位跟牛頓齊名的瑞典科學家叫做史威登堡（Emanuel Swedenborg），就將其在靈界的經歷寫成《天堂與地獄》（*Heaven and Hell*）一書。

最值得信任的還是像蘇格拉底、耶穌和佛陀這樣公認的偉人和智者，他們都說了很多有智慧和指導性的說話，根據歸納法，他們斷言靈魂的存在和有關的法則也是可信的。我相信他們有特殊的能力，知道死後的真相。打個比喻，盲人應該相信正常人的勸告，因為正常人看到現實的世界；同理，我們應該相信這些大智慧者的說話。

當然，以上所講的證據，從科學的角度講，還不算充分的證據。但科學並非我們相信某事為真的唯一依據，例如愛情就不需要科學來證明。不過，我相信科學的進步有一天能向我們揭示死後世界的真相，那時死後的世界就可以在世間得到驗證。

支持死後生命的證據

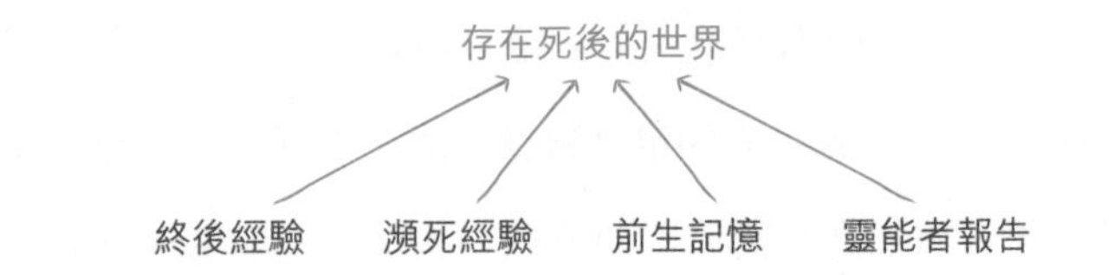

宗教本應是解答死亡問題的專家，給大家說明死後的去向；但反觀很多傳統宗教，不是為了上帝的名字不同而爭執，就是假借上帝之名進行侵略或報復，雖然它們成立之初是有着革新的意義，但現在卻難以與時並進。就以伊斯蘭教為例，教義就必須更新，比如說：為阿拉戰死的人，一定會回到天國，而且四周都是美女和美食。試想一想那些自認為阿拉戰死的恐怖分子，真的可以回到天國嗎？在眾多宗教中，對死亡（包括死亡之後）談論得較全面的要算是佛家了，我也認為佛教的描述似乎最合乎真相。但這只不過是跟其他宗教相比，並不表示佛教的描述完全合乎真相或很接近真相。

佛家認為人死之後，靈魂會離開肉體，根據生前的所作所為，正所謂因果報應，在六道中輪迴轉世。掉轉頭講，我們在此生之前，已不知經歷了多少次輪迴，只不過投生的時候，被蒙上了"無知之幕"，忘掉了前生種種。不知道前生的經歷，可以說是公平的起點，即使前生是偉大的畫家，今生也要跟其他人一樣，由孩童開始重新學習繪畫。而且，知道前生怎樣也不是一件好事，因為可能有太多的負擔，令今生難以起步。但這裏有一個問題，那就是同一性的問題，在無數次的輪迴轉生之中，如何判定那是同一個主體呢？我以為在無盡的靈魂之旅中，在某些特定的時刻是能夠回憶起前生，這種回憶說跟柏拉圖的回憶說不同，柏拉圖認為我們在世間可以回憶起在實在界學習過的事物，我說的卻是在死後世界有機會回憶起前生的經歷。佛道中的修行者，亦能通過修煉回憶起前生，據說菩薩能回憶起五百世的事。

死亡的定義

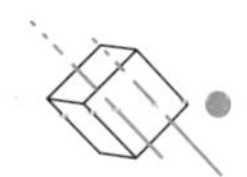

根據佛家的定義，靈魂離開肉體才算是真正的死亡，而人斷氣之後，要經歷一段頗長的時間，至少一天，靈魂才完全離開肉體，在這段期間內，人有可能"死"而復生，在中國傳統的習俗，人死後要守夜，就是以防死者"翻生"，在這段時間內，人還有意識

和知覺，只是不能表達，中國的古禮甚至要守靈三天。現代醫學卻將死亡定義為腦死亡，原因之一是趁器官還運作良好時作移植之用，拯救更多生命。但如果佛家對死亡的觀點是正確的話，在這段時間內作器官移植就會給當事人帶來極大的痛楚，因為他的意識還未離開肉體。即使他願意死後捐出器官，是一種布施，但這種痛苦卻是始料不及的。

但怎樣才算是靈魂真正離開肉體呢？有一種說法認為靈魂和肉體是由靈子線相連，如果靈子線斷了，靈魂就不能再進入肉體，即是死亡，蘇格拉底就跟其守護靈討論過靈子線的問題，據說靈子線是銀色的，又稱為銀線。

佛家對死亡的分析

佛家認為人的身體是由地、水、風、火四大所構成，靈魂離開身體之前要經歷四大的解散，所以死亡本身是一個痛苦的過程。

地大分散　身體不能動，有些神經已經壞掉了

▽

水大分散　身上會冒冷汗，還會出最後一次大便

▽

風大分散　呼吸困難，快要斷氣了

▽

火大分散　斷氣之後，身體會慢慢冰冷

佛家說人生有四大苦：生、老、病、死，死苦已經說過，老苦和病苦相信也不用解釋，餘下的是生苦，我認為這是指出生之苦，為甚麼出生是一種苦呢？正如柏拉圖所說，未投生之前，靈魂是活在自由自在的實相世界，投生之後就會受到很多束縛，因此他

才會説："肉體是靈魂的監獄。"佛家説"不可執着"，對臨死的人特別重要，因為執着人間的一切，死後靈魂就不能順利回到實相世界。

修行的意義

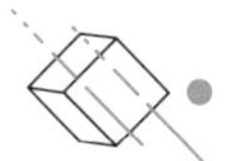

但為甚麼人要不斷輪迴轉生？意義何在呢？常有人説："人生是修行。"如果人死後甚麼都沒有，那修行又有甚麼價值呢？我認為可以將輪迴轉生和人生修行合在一起看，所謂修行就是鍛鍊人的靈魂，人死之後唯一可以帶走的就是我們的"心"，心正是靈魂的本質，心境的高下決定了死後的去向。鍛鍊靈魂也可以説是人投生於世的責任，所以一般來説，自殺是錯的，因為這等於逃避責任。如果肉體是靈魂的監獄，那麼自殺就是逃獄，死後要受到懲罰。不過，自殺者下地獄只是一個概括的説法，應該根據一個人的整體表現來決定。

當然，相信死後世界如何只是一種信仰；但相信死後甚麼都沒有又何嘗不是呢？這兩種世界觀對人卻有不同的影響，甚至可能是天淵之別。相信人生只有短短數十年，死後一切都會結束的話，其人生觀多數傾向享樂的形態，既然人生苦短，何不盡情尋樂呢？當然，這並沒有必然性，例如作為唯物論者的伊壁鳩魯，就不是一個縱慾之人，他主張追求心靈平靜的持久快樂，仁慈、誠實、公正和友誼等德性都有助於人的心靈平靜。至於相信有死後的世界，人的靈魂不滅，其人生觀是截然不同的，眼界和胸襟都要比唯物論者廣闊，因為可以從一宏觀和永恆的角度來審視自己，人也會積極進取得多。當然，這亦沒有必然性，因為若當事人智慧不夠，也有可能落入迷信墮落之途。即使只從實效的角度看，還是相信有死後世界比較有利，因為更有可能取得最大的成功。

世界觀與人生觀

一般來說，一個人的人生觀是受其世界觀所影響。世界觀是指對宇宙萬物的整體看法，其中最重要的包括有神或無神、創造或非創造、死後的有無等。至於人生觀則關乎人如何處世，應該做甚麼和不應該做甚麼。世界觀涉及終極真相，這是事實問題；而人生觀則屬於價值問題。

世界觀（終極真相）

▽

人生觀（如何處世）

從實證論的立場看，輪迴轉世和天堂地獄之說並無真憑實據，或許有人會視之為荒誕。但我還有一個方法可以克服死亡的恐懼，這是來自一位朋友的經驗，她是負責照顧臨終的病人，她告訴我其實很多時受死亡困擾的並非病者，而是病者的摯親，因為難以承受親人離世的傷痛，其中有一對非常恩愛的夫婦，太太死了，丈夫十分痛苦，後來丈夫醒悟到如果是他早死的話，受痛苦的就會是太太。這個故事給我的啟示就是，當想到你的摯愛最終有一天會離世，對死亡又有甚麼恐懼呢？但不幸地，如果你只愛自己的話，那就沒有辦法了。

關鍵字再思考	**肉體 / 靈魂 / 終後經驗 / 輪迴轉世 / 人生修行 / 人生觀 / 世界觀**
相關篇章	**自殺　　宗教　　恐懼**

後期印象派畫家高更（Paul Gauguin）有一張名畫叫做《我們從何處來？我們是誰？我們往何處去？》（*Where Do We Come From? What Are We? Where Are We Going?*）我對於這三個問題的回答如下："我們是由實在界投生而來，靈魂才是真我，死後會回到實在界，根據心境的高下而各有去處。"

《我們從何處來？我們是誰？我們往何處去？》(1897)

作者：高更
物料：油彩
尺寸：96 × 130 cm
現存：波士頓美術館

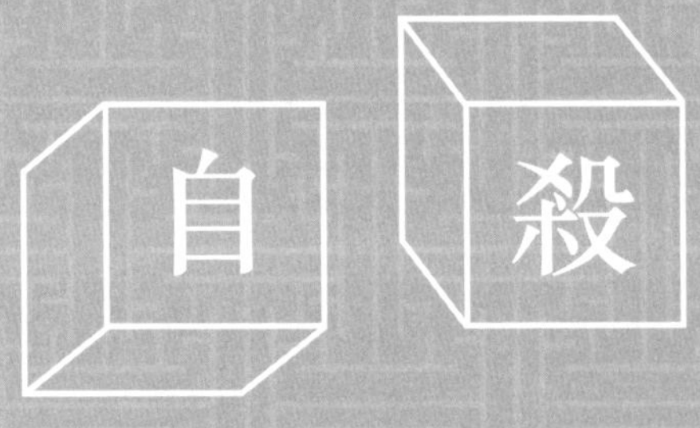

"精神高尚者，即使自殺，
也不會下地獄"

記得讀小學的時候，有一名小學生扮幪面超人從高處跳下來跌死，之後我心愛的電視劇集《幪面超人》就被禁播了，理由是防止類似的悲劇發生，到現在我仍覺得停播是一個錯誤的決定。但當時我想，這名小學生究竟算不算是自殺呢？

如果我們細心分析一下"自殺"這個概念，就會發現它由三個必要條件所組成：1. 當事人有尋死的意圖；2. 他親手殺死自己；3. 沒有人強迫他這樣做。很明顯，以上的事件並不符合第一個條件，所以不可以稱為"自殺"，我們頂多說這名小學生意外地殺死自己。有另一個事例是這樣的，二十多年前內地有一套電視劇《新白娘子傳奇》（由香港的趙雅芝和葉童主演），劇中有一幕講述"遊地獄"，據聞有一名小學生看了之後也想遊地獄，於是上吊身亡，他以為死了之後就可以去地獄，這個事件卻符合以上三個條件，他真的是自殺死了。當然，我們可以說他有認知上的錯誤（我並不是說沒有地獄），他似乎以為人死了之後可以再回來，也以為地獄是一個好玩的地方。相同的是，這兩名小學生的死都是出於無知。

自殺的定義

這是一個本質定義，由一組必要和充分條件所組成，三個必要條件加起來就是"自殺"的充分條件。

自殺 = 當事人有尋死的意圖 + 他親手殺死自己 + 沒有人強迫他這樣做

必要條件 + 必要條件 + 必要條件 = 充分條件

根據以上的定義，自願安樂死也不算是自殺，因為它並不符合第二個條件，病人並不是親手殺死自己，他需要醫生的協助，所以有人稱自願安樂死為"協助自殺"，就是要跟一般自殺區別出來。我認為可以將第二個條件訂得寬鬆一些，就是"當事人有意做出一些促成自己死亡的行為"，這樣自願安樂死也算是自殺。如果不修改第二個條件，某些我們視為“自殺”的行為就變成不是自殺了，例如日本武士的“切腹”，當武士剖腹之後，那痛楚其實是難以忍受的，需要由另一個人幫他了結，所以嚴格來說，他也不是親手殺死自己。

利他自殺與為己自殺

修改了第二個條件之後，自殺的“範圍”也擴大了，就連耶穌上十字架也有可能稱為“自殺”，因為耶穌也是自願赴死。不過，這有別於一般的自殺，耶穌是為了拯救世人而死，可稱之為“利他自殺”，那是為了消除他人痛苦而犧牲自己的生命，例如越戰的時候有美國士兵為了拯救同袍，用自己的身體抵擋手榴彈；又例如在元雜劇《趙氏孤兒》中，就先後有三個人為了保護趙氏遺孤而自殺身亡。當然，利他自殺只是少數，一般的自殺者都只是為了解決個人的痛苦而尋死，那可稱為“為己自殺”，例如承受不了失戀、失業、破產和考試不合格等挫折而了結自己的生命。換言之，我們可以將自殺分為“利他”和“為己”兩種，但這兩種自殺並不是截然二分，它們之間可以有不同的程度，例如日本武士“切腹”，固然是為了個人的榮譽，但也有利他的成分，因為榮譽也屬於他效忠的家族，忠誠亦有助於社會穩定。屈原的死也是介乎“利己”和“利他”之間，如果他是以死相諫，想借他的死令楚王醒覺，遠離小人，避免亡國之途，則利他成分較大；但如果他只是以死殉國，則利他成分較小。我們之所以用端午節紀念屈原，不就是因為他的高尚情操嗎？

自殺的分類

利他自殺 ⟵		⟶	為己自殺
耶穌上十字架	日本武士切腹	屈原投江	大部分自殺

不過，有一種自殺卻難以分類，那就是恐怖分子的自殺式襲擊，叫它做“為己自殺”似乎不恰當，因為當事人是為了復仇（或自以為更高尚的目的）而犧牲自己，但稱它為“利他自殺”亦不妥，殺死無辜的人又怎算是“利他”呢？有人拿恐怖分子的自殺式襲擊，跟二次大戰時日本神風敢死隊的自殺式襲擊相提並論，但其實兩者有很多的分別，神風敢死隊襲擊的對象是美國的戰艦，那是軍隊的正式對決；而恐怖分子的襲擊的對象多是無辜市民。

社會上一般會讚揚“利他自殺”，譴責“為己自殺”，“切腹”在日本傳統社會也得到高度的讚揚。但為甚麼“為己自殺”是錯呢？由於大部分自殺都屬於“為己自殺”，為方便討論起見，以下就用“自殺”來指稱“為己自殺”。對於自殺的對錯，西方哲學可以分為反對和贊成兩派，所謂贊成並不是說支持所有自殺的行為，而是指某些情況下自殺是道德上容許的。

判斷自殺的對錯

不過，我們要先將自殺的"原因"，跟贊成或反對自殺的"理據"區分出來，避免思考混亂。找尋原因和提供理據正是科學和哲學的分別，比如說當心理學或社會學研究自殺時，它們要尋找的是自殺的原因，有甚麼心理或社會因素促成自殺，舉個例，著名社會學家涂爾幹（Émile Durkheim）有一部著作叫《自殺論》（*Suicide*），就是研究社會變遷跟自殺行為的關係，他發現當社會發生巨大變遷時，無論是好還是不好，自殺率都會上升。但社會學或心理學都不會對自殺的對錯作出判斷，因為它們要保持價值上的中立。哲學卻不同，哲學正要判斷自殺的對錯，並提出理據。

哲學 vs 科學

	哲學	科學
性質	理據證立	因果說明
方法	概念釐清和分析	經驗研究
例子	自殺的對錯	自殺的原因

反對自殺的哲學家主要有古希臘的柏拉圖、亞里士多德和近代的康德，而支持自殺的則有古羅馬的塞內卡（Lucius Annaeus Seneca）和近代的休謨（David Hume）。柏拉圖有靈魂轉世的思想，他認為肉體就是靈魂的監獄，死雖然是一件好事，但自殺卻是錯的，除非得到神的批准。我們可以進一步解釋柏拉圖的看法，人投生到世間有一定的使命，而自殺就等於逃避責任，所以自殺是錯的。亞里士多德並不相信靈魂轉世，他是從現世的角度

反對自殺的，他認為自殺是對國家不公平。我們也可以進一步幫他解釋，由於人受惠於社會（人離羣獨居只能過着極貧乏的生活），所以人對社會有一定的責任，自殺亦是逃避責任，所以自殺也是錯的。十八世紀的德國哲學家康德則認為，人的義務是來自人的理性，人生的目的是履行義務，而人的最基本義務就是生存，所以為了消除個人痛苦而自殺是錯誤的，但為了拯救他人而犧牲自己生命的"利他自殺"卻是對的，因為這是履行理性給予我們的義務。

斯多亞學派（Stoicism）在亞里士多德之後興起，延續了差不多六個世紀，這個學派贊成自殺，而代表人物則是塞內卡，他認為活着的質素比活着本身重要，既然人皆有一死，如果客觀環境不值得我們活下去的話，例如身患重病，要承受極度的痛苦；又或是被敵人折磨，生不如死，為甚麼不可以了結自己的生命呢？人雖然飽受命運的作弄，身不由己，但卻有自由選擇死亡。後來基督教興起，教會的立場是反對自殺的，因為自殺是違反上帝的意旨，自殺不遂者會被逐出教會，自殺身亡者亦不允許舉行葬禮。對於基督教反對自殺的立場，十八世紀的英國哲學家休謨作出了全面的批評，他認為，上帝創造了這個世界之後就再不管人間的事，上帝訂立了自然定律讓世間運作，也給予人自由意志，由人自己作決定，即使上帝賦予我們在世上的職責，但當人生活在痛苦和悲慘之中，那不就是上帝召回我們的時候嗎？

以上有三個反對自殺的理由，一個是對神的義務（柏拉圖和基督教），一個是對社會的義務（亞里士多德），還有一個是對人的義務（康德）。西方還有一種反對自殺的理由，但不是從道德層面講，而是認知上出錯，叔本華雖然被稱為厭世悲觀哲學家，但他卻反對自殺，他認為自殺者的目的是消除痛苦，卻用錯了方法，自殺只是消滅了某個生命，即“生存意志”在特定時空的呈現，卻消滅不了“生存意志”本身。叔本華所講的“生存意志”是盲目的，有點像佛家説的“無明”，而事實上，叔本華的思想是受佛家所影響。從佛家的角度看，自殺不單是道德上的錯誤，因為人生在世有一定的責任；也是認知上的錯誤，自殺者以為了結自己就可以消除一切痛苦，殊不知自殺的果報大都是下地獄受苦。如果當事人知道自殺之後靈魂會遭受更大痛苦的話，相信大部分人都不會自殺，所以我認為那個勸導人不要自殺的廣告“生命無take two”正正是失敗之作，因為自殺者就是想一了百了，根本就不想生命有 take two。

自殺的兩種錯誤

道德上的錯誤 ▷	柏拉圖	人對神有責任
	亞里士多德	人對社會有責任
	康德	人有生存的責任
	佛家	人有在世間修行的責任
認知上的錯誤 ▷	佛家	自殺者會下地獄受苦
	叔本華	自殺消滅不了生存意志
	卡繆	自殺對抗不了荒謬

存在主義者卡繆（Albert Camus）認為，真正的哲學問題只有一個，那就是自殺。面對荒謬的世界和人生，活着沒有任何意義，為甚麼不一死了之呢？但卡繆卻説，自殺只是一種逃避，要超越荒謬，人必須對抗，依靠自己的抉擇，承擔責任，作一個真實的

人。不過，自殺也是一種選擇，為甚麼不可以呢？贊成自殺的主要理由就是人有自由，人有自決的能力。我既同意人有以上四種義務，亦同意人有自由的權利，在自殺的問題上，義務和權利就必然產生衝突了。不過，義務和權利都不是絕對的，我認為，一般來說，保存生命的義務是大於自殺的權利，但在某些情況下，自殺的權利卻可淩駕於保存生命的義務，例如患了絕症，並且要承受極大痛苦的人，要求這些躺在牀上痛苦呻吟的病人繼續履行做人的義務，直至死去，未免是太殘忍了！又例如到了絕境，就像明末之時，揚州城被清軍所破，史可法曾自刎殉國（卻不死被俘），這樣的事例在中國歷史特別多，三國時蜀國被魏國所滅，諸葛亮的兒孫也選擇自殺殉國，這明顯是體現了儒家“捨生取義”的精神，有人可能判定為“利他自殺”，但我不同意，因為他們的死並不能消除他人的痛苦，勉強說“利”也只能是“精神性”的。

然而，甚麼才算是“絕境”呢？在中國傳統社會，當遇上義務衝突時，如忠、孝不能兩全，責任心重的人往往會選擇自殺，他可能覺得這就是絕境，但我認為這只是困境，未算是絕境。當然，困境可以有程度之分，程度最高就是絕境。雖然現代社會已經沒有忠、孝不能兩全的事情，但並不表示在道德兩難下選擇自殺的事不會發生，婆媳之爭也往往令身為兒子和丈夫的當事人陷入兩難之中，記憶中有一個人就是為此而自殺身亡。由此可見，自殺者之中也有責任心重的人，在日本社會，常常會聽到社長自殺的新聞，因為日本人大都勤力工作，若公司倒閉的話，多數是社長失職，領導不力，所以才會以死謝罪。

大部分自殺的人都處於絕望的狀態，例如欠下巨債，無力償還；愛人變心，萬念俱灰；身患重病，痛苦不了。但絕望只是主觀的心理狀態，並不表示客觀情況已到了絕境，事實上，以上的事例只是人生的巨大挫折，只是當事人不能面對挫折而選擇自殺。至於其他因考試不合格、被人歧視、受惡言中傷等小挫折而輕生的人，更是等而下之。

絕境與挫折

絕境例子：史可法面對清兵破城

困苦程度 ↑		
	大挫折	例子：重病
	小挫折	例子：失戀

青少年與藝術家的自殺

近年青少年自殺數字有上升的趨勢，其實大部分都是一點點的挫折，沒有甚麼大不了要死，但我們可別看輕自殺的青少年，也許有些是一時衝動，但有更多是思前想後才作出決定。然而，他們的所思所想主要都是為了自己，自殺者多是自我中心，越是自我中心的人，就越重視自己的利益、感受和他人的評價，小小挫折對他們來說可以是天大的事。也別以為只有失敗者才會自殺，有些菁英分子在其小圈子表現不理想，也會接受不了而輕生。所以，預防自殺的一個方法就是改變自我中心的價值觀，但遇到正在想自殺的人，這是來不及改變的，最好的方法就是讓他感到人生還有希望。

現在連小學生也自殺，我讀小學時並沒有聽聞有同學自殺，但中學時就有兩位同學自殺，到了大學，自殺的人就更多，在我住的宿舍裏，就有一位讀工程的宿生自殺，聽説是為情自殺，他的自殺方式很特別，將自己綁在牀上，牀是鐵造的，然後通電把自己電死，這也可説是"學以致用"。畢業之後，也有幾個相識的人自殺身亡，原因是精神壓力太大，看來人年紀越大就越不快樂。以上我所講的自殺者，全部都是男性，似乎男性的自殺率高於女性；不過，這只是我的猜測，並沒有充分的數據支持，況且我認識的男性比女性多，所以作不了準。不過，女性多數會向人傾訴自己的感受，這可以消解部分的精神壓力；相反，男性卻不慣這樣做，可能認為這樣做就不夠堅強，或是沒有面子。

正在執筆之際，又有一名中文大學的學生自殺身亡，在過去的一年（由 2015 年 4 月算起），已經有十名大學生自殺而死，當中竟然有七個是中大的學生，為甚麼中大學生的自殺率這麼高呢？這的確值得研究。我們較注意年青人的自殺問題，因為總認為他們不應該死，他們還有大好的前途，自殺只是一時衝動。除了自我中心外，年青人比較感性，認知能力也不高，遇到挫折很容易以為已到了"絕境"。

藝術家也多是感情豐富和自我中心的，看來藝術家也屬於自殺的高危一族。所以不要胡亂批評藝術家，因為他們很容易受到傷害，我有一位繪畫老師就對我說過“批評藝術家是一種罪過”。但我發現在不同的藝術領域，藝術家的自殺率是有所不同的，為方便説明，現在只比較文學家、畫家和音樂家。三者之中，以文學家的自殺率最高，例如獲得諾貝爾獎的海明威（Ernest Hemingway）就是自殺而死，而日本作家的自殺率又似乎是最高的，例如太宰治、川端康成、三島由紀夫等人都是自殺身亡。畫家的自殺率佔第二位，梵谷（Vincent van Gogh）、高更、馬克·羅斯科（Mark Rathko）等人亦是自殺而死，音樂家的自殺率最低，似乎音樂家的抗逆境能力最高。就以貝多芬（Ludwig van Beethoven）為例，當他失去聽覺的時候，也曾想過自殺，還立下了遺囑，對於這樣偉大的作曲家來説，失聰的確是萬分痛苦，幸好，最後他克服了困境，還創造出偉大的第九交響曲。

文學家的作品多數跟現實生活有關，所以容易被現實的痛苦、挫折、荒謬、不幸所影響，作品傾向描寫人類陰暗的一面，也較多負面情緒。當然不可以一概而論，托爾斯泰的作品就有很正面的能量。三種藝術形式中，音樂是最抽象的，精神性最高，特別是西方的古典音樂，使人超越世俗的煩惱，有強化意志、洗滌心靈的效果。當然也不可以一概而論，現代音樂就有不少“地獄心靈”的作品，會對人產生負面的影響。至於繪畫，正好介乎文學和音樂之間，論跟現實的關係，它不如文學般直接，若論抽象性，即使是抽象畫，亦比音樂具體得多。不過，若觀乎現代繪畫，具“地獄心靈”的作品其實也不少。

自殺者下地獄？

我認為人死後會上天堂或下地獄（如果有的話），應該是根據他的整體表現，主要是其貢獻和德行，品德高尚者即使自殺，也不應該下地獄的，例如推動日本明治維新的西鄉隆盛就是自殺身亡的。正如前面所講，大部分自殺者都是重視自己多過別人，以自己的苦樂為指導行為的唯一標準，很難想像這些人對社會有甚麼重大的貢獻，不能抵抗逆境的人，明顯缺乏勇敢、堅毅、刻苦、反省和謙卑等德性，而且很多自殺者都懷有極大的怨恨，我認為這才是下地獄的主因。根據佛教的說法，貪、嗔、痴三毒都是下地獄的原因，怨恨就是嗔，只顧自己的人亦多是貪心之輩。

有人認為理性自殺在道德上是容許的，因為它能彰顯人的自主性。理性自殺者通過理性思考，考慮了各種可能性，得出自殺是解決問題的最好方法，明顯是到了真正的絕境，我認為到了真正絕境的人，可免除"責任論證"所講的責任；經過反覆的思考，冷靜地作決定，即使心中仍有怨恨，也會大大減低；能夠考慮自殺對其他人造成的影響，得出整體後果是好多於壞，已經不是純粹的為己自殺，也有利他的成分。如果有理性自殺者下地獄的話，他就是本該下地獄的人，跟自殺與否沒有關係。

有甚麼方法能有效防止自殺呢？正如前面所言，大部分為己自殺者都以個人為重，並且以為自己已到了絕路，所以非死不可。針對第一點，可以嘗試改變這種以自我為中心的人生觀。至於第二點，其實很多自殺者並非真的到了絕路，可以用理性幫他們分析。愚見以為，對正想了結自己生命的人來説，理性的勸阻未必有效，倒不如引他唱歌；因為我相信唱歌是對治絕望的良藥。俗語有云：“窮則呼天地，痛則叫父母”，人到窮途的時候，自然就會説：“天啊！”，人在極痛的時候，亦禁不住叫：“媽呀！”，我認為可以多加一句“絕望時則不妨唱吓歌”（窮途不一定絕望，絕望亦不一定窮途）。

防止自殺的方法

預防	改變其自我中心的價值觀
勸導	理性分析
	引導唱歌

關鍵字再思考	利他自殺 / 為己自殺 / 自殺式襲擊 / 生存意志 / 困境 / 絕境 / 理性自殺
相關篇章	死亡　宗教　恐懼

梵谷是一位不幸的藝術家，他自殺之前畫了一張畫，叫做《麥田》(*Wheat Field with Crows*)，畫中我們看到眾多烏鴉在麥田拍打翅膀，試想像聽到這些刺耳的聲音，會否就是梵谷內心的反映呢？讀者不妨找來看看，感受一下這張畫是否有"絕望"的味道。

《麥田》(1890)

作者：梵谷
原作物料：油彩
尺寸：51 × 101 cm
現存：阿姆斯特丹梵谷美術館

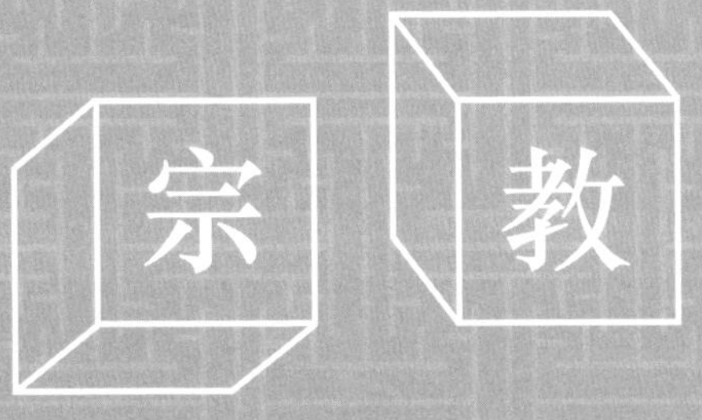

"人壽保險不一定要買，
但來生保險就一定要有"

我出生於一個沒有任何宗教信仰的家庭，但幼稚園和中學讀的都是基督教學校。雖然聽了很多《聖經》的故事和道理，但對我來說，感受最深的還是聖誕節的氣氛，及早會時的禱告，尤其是禱告，即使不十分了解禱文的意思，卻有一種寧靜安祥的感覺，彷彿在現世之外，真的有一個屬靈的世界，那裏的心靈正聆聽着世人的禱告。

有一次，一位學生跟我討論宗教的問題，他很驚訝我並不是無神論者，也許在一般人的印象中，哲學與宗教是對立的。這種想法好像也有幾分道理，因為哲學講求理據，不盲從附和，懷疑是從事哲學的應有態度；相反，宗教是信仰，強調的是服從，懷疑正表示信心未夠。其實宗教和哲學不一定有衝突，哲學家當中，既有無神論者，亦有信仰宗教之人；既有唯物論者，也有相信靈魂存在之人。

神是否存在？

對於神是否存在，基本上有三種哲學立場。

哲學立場		哲學家
有神論	有神存在，有死後的世界	蘇格拉底
無神論	沒有神存在，也沒有死後的世界	馬克思
不可知論	對神的存在及死後世界不作判定	孔子

幾年前有一套電影叫做《神死了嗎？》（*God's not dead*），故事講述美國某所大學的一位哲學教授訂下了一個規則，就是學生必須簽名承認“神已死”，才可選修其哲學課，他的理由是哲學是教授不可知論，上課討論時也不可涉及信仰，其中一位有基督教信仰的學生要挑戰教授的規則，於是跟教授打賭可以證明神存在，並在課堂上跟教授進行激辯。電影中講述這位學生憑《聖經》證明了神的存在，並得到班上同學的支持。

但我們真的可以證明神存在嗎？在基督教的傳統中，有三個著名的上帝存在論證，分別是“本體論論證”、“宇宙論論證”及“設計論論證”。本體論論證由十一世紀的神學家安瑟姆（Anselm）提出，由上帝“完美”的概念，推論出上帝必然存在；宇宙論論證有不同的版本，最早的可以追溯至亞里士多德，整理得最好的是十三世紀的神學家阿奎那（Thomas Aquinas），由凡事都有原因推論出上帝是萬物的第一因，又叫做“第一因論證”。設計論論證也是來自阿奎那，根據這個世界的複雜性和精密性，推論出有一個設計者，那就是上帝，又稱為“目的論論證”，而這個論證的普及版則由十八世紀的神學家派利（William Paley）提出來，他以鐘錶有設計者為類比，推論出宇宙也有一個設計者。

本體論論證

本體論論證有不同的版本，以下是陳構得較好的一個：

1. 上帝是完美的
2. 完美的東西沒有缺憾
3. 不存在是一種缺憾

（1–3：前提）

因此，上帝存在（結論）

根據第一及第二個前提，推論出“上帝沒有缺憾”，再加上第三個前提，就能推論出“上帝不會不存在”，即是“上帝存在”。這個論證的問題出自第三個前提，康德認為“存在與否”並非事物的性質，所以這個前提並不成立。但“存在”是否事物的性質仍是當代哲學爭論的議題。

十八世紀最偉大哲學家康德就對這些論證都作過嚴厲批評，他認為理性不能證明上帝存在。雖然在知識上不能肯定上帝存在，但在道德實踐上，我們必須預設上帝存在，否則德福合一就沒有保證。

可證明神存在嗎？

如果“證明”是指邏輯上的必然性的話；那麼，以上的論證都是不成立的。就以第一因論證為例，在邏輯上，由每一個事物都有一個原因，是推論不出萬物有一個最終的原因。但若將第一因了解為萬物的根源，反而會容易令人接受；但這就不是論證，而只是一個觀點，一個值得相信的觀點。如果我們真的能證明上帝存在的話，那就是“知識”，不是“信仰”了。由此可見，基督教其實十分“進取”；反觀其他宗教，就很少用理性去證明神靈存在，比如說佛教並沒有所謂“釋迦牟尼論證”，倒是魏晉時代，道教有一位道士叫做葛洪，就試圖論證神仙的存在，反駁否定神仙的說法。也許這是東西文化的差異，西方文化有客觀求真的精神，重視理性的證明，訴諸經驗的證據；東方文化則較注重主體性，強調的是修煉者的體驗。

要注意的是，不能證明上帝存在並不表示上帝不存在，以為可以作此推論正犯了訴諸無知的謬誤。要證明上帝不存在，需要有獨立的論證。著名的有十八世紀英國哲學家休謨的論證，他指出，如果上帝是全善的話，祂就一定願意阻止惡；如果上帝是全能的話，祂就一定有能力阻止惡；但既然這個世界有惡的存在，即表示上帝非全能或非全善，因此基督教所講既全能又全善的上帝是不可能存在的。為基督教辯護的人會說，由於上帝賦予人類自由意志，所以人要為自己的惡行負責；但自然的災害又如何呢？為甚麼上帝不加以阻止呢？也許上帝並非全能，又或者苦難對磨練我們的靈魂有其積極意義。面對休謨的批評，我認為必須修改對上帝的看法，況且“全能”這個概念本身就包含了自相矛盾，所以最好就是用“大能”來形容上帝，大能的意思是宇宙間能力最大的存在。

在以上的論證中，前提對結論也有一定程度的支持，儘管不是充分的支持，或是最好的論證。值得一提的還有巴斯卡的賭博論證（Pascal's Wager），它並不是用來證明上帝存在，而是試圖説服我們，應該信仰上帝，因為如果上帝真的存在，信仰上帝就可得到永遠的幸福，不相信的話就要在地獄受永恆之苦；如果事實上沒有上帝，信仰上帝也不會有甚麼重大損失。然而，大部分信仰基督教的人都不是基於這些論證，而是感動於耶穌的生平和教訓。宗教問題並非一般人的有限生命可以驗證，就以佛教和基督教為例，最初都是由教主一人獨力開創，憑着嶄新的教義和個人的感召力，逐漸贏得世人的認同，被確認為偉大的宗教。

宗教 = 不理性？

有一種流行的見解，認為信仰宗教的人都是非理性的。首先，宗教與理性不一定有衝突，因為我們可以有理據地相信某個宗教。有理據地相信並不表示一定要先證明神的存在，正如前面所講，若能證明神存在，那就叫做“知道”，並不是“信仰”。有些人將科學等同理性，沒有科學根據的東西就不要相信，否則就是迷信，於是無神論就代表理性，而相信宗教則是非理性，將有宗教信仰的人都看成為迷信和缺乏科學精神，但我認為這種想法是錯誤的。

為甚麼會有這種想法呢？我想主要原因是現代科學講求實證，有些更預設了唯物論的立場，例如達爾文（Charles Robert Darwin）的進化論和佛洛伊德（Sigmund Freud）的心理學。而不少近代哲學家都是無神論者，並且對宗教作出嚴厲的批評，著名的有費爾巴哈（Ludwig Feuerbach）、馬克思和尼采。費爾巴哈認為上帝不過是人類心理的投射，一種幻想出來的東西，所謂"全能全善"只是理想的自我。馬克思甚至認為宗教是人民的鴉片煙，完全否定宗教的價值；佛洛伊德則說宗教是人的心理拐杖，一定程度肯定了宗教的功能，不過，他顯然認為心理學可以取代宗教。十九世紀的實證主義（positivism）者孔德（Auguste Comte）雖然也不相信神存在，但他認為宗教有其重要功能，例如作道德指引和團結社會，所以他主張一種為無神論者而設的宗教。

也許有人認為神蹟就是違反理性，所以相信神蹟就是不理性的。基督教講的神蹟如處女產子、死人復活、水變成酒等，的確是目前科學無法解釋的；但對於親歷其境的人來說，這反而是神存在的證據。例如耶穌有一位疑心很重的門徒多瑪，就要親自摸過耶穌釘在十字架的傷口才相信耶穌復活，從實證的角度看，這反而是推翻了"人死不能復生"的普遍定律。當然，我並不是說這些神蹟都一定是真的，比如說，我就不太相信處女產子這個神蹟，我倒認為是後人虛構出來的。基督教有很多不符合事實的教義都已被科學所推翻，例如地球只有幾千年的歷史、太陽繞着地球轉等等。

雖然主流科學家多認同唯物論，但亦有不少科學家試圖研究靈性的現象，例於十九世紀末就有一位科學家叫做威廉・克魯克斯（William Crookes），他借助靈媒的力量，召喚了一名叫凱蒂・金格的靈魂，並使之物質化，還拍了照片。當時有一位很出名的哲學家，叫做威廉・詹姆斯（William James），也研究靈魂。跟達爾文同時代有另一位主張進化論的科學家叫做華萊士（Alfred Russel Wallace），也研究靈性現象，而他所主張的進化論則包含了靈性的進化。也許有一天，我們可以用科學證明死後的世界，甚至解釋所謂"神蹟"。

除了批評宗教不理性之外，另一個常見的批評是只有弱者才相信宗教，例如尼采對基督教的批評就是如此。尼采的批評主要有兩點，一是認為天堂的說法是用來欺騙人，二是其宣揚的價值觀如利他和平等有害生命力的提升。尼采的問題是預設了唯物論的立場（我認為這是不當預設），將所有講述死後世界的東西視為謊言，而將平等和利他等價值看作有害生命力的提升亦是以偏概全。

尼采對基督教的其中兩個批評

教義	批評
天堂和人間的二元世界觀	否定現世的生命，製造天堂的幻象來騙人
宣揚平等、謙卑、憐憫、利他的價值	有害自我實現和生命力的提升

宗教引導在世行為

説宗教導人向善，固然沒有錯，但未能顯示出宗教的特質，我認為，宗教的要旨是告訴我們死後的世界，並以此作為引導我們在世的行為，跟宗教真正對立的是唯物論。對我來説，了解死後的生命十分重要，甚至勝於世間的一切知識，早期的西方哲學家如蘇格拉底和柏拉圖都講及死後的世界，只是後來的哲學變得越來越重視實證，及只強調抽象的思考。從這個角度看，宗教信仰也可以説是一種保障，正如很多人都有買人壽保險，相信宗教就等於買了來生保險。宗教的要旨就是拯救人的靈魂，免於死後墮入地獄。

很多宗教都會告訴我們死後的世界有所謂天堂與地獄，天堂是善人的歸宿，地獄則是惡人的去處，但這只是一個約略的説法，因為那些死硬派的唯物論者不一定是惡人，天堂也分為不同的階層，柏拉圖所講的至善至美至真的實相世界就屬於最高階層。而處於高階層的存在，也就是一般我們所講的神靈。從這個角度看，一神教與多神教並沒有真正的衝突，一神的意思不過是存在至高之神，在基督教的系統中，耶穌和天使都是神靈，那不是多神嗎？在伊斯蘭教的經典《可蘭經》中，有時是以“我們”來指稱阿拉，我認為所指的其實就是伊斯蘭教的指導靈團。佛教對這些階層有更詳細的描述，簡單來説，死後的世界可分為欲界、色界和無色界，如果佛真的可以跳出三界之外，那麼菩薩和羅漢就應該處於無色界和色界，亦即是高階層的神靈。所以，將佛教了解為無神論明顯是錯誤的。

佛教的三界

無色界	比色界更加清淨，精神性更高	四空地的境界
色界	基本上擺脱了欲界的欲望，精神性較高	四禪定的境界
欲界	包含了六道，即天道、人道、修羅道、畜生道、餓鬼道和地獄道。即使是天道，還有人間的欲望如名聲	

有很多沒有特定宗教信仰的人其實也很有宗教性，只是接受不了悖理的教義，及宗教之間的排斥和仇恨。例如二十世紀初的英國哲學家羅素（Bertrand Russell）在《為甚麼我不是基督徒》（*Why I Am Not a Christian*）一書中指出，不能接受不信耶穌就要下地獄受永恆之火懲罰的教義，他認為這是一種慘無人道的理論。

宗教衝突很多時是來自教義上不同，但這些差異不一定是對立的，只是大家的側重點不同，例如說佛教強調自力，基督教重視他力，然而自力和他力並不是真的對立。佛教中固然有重視自力的禪宗，但亦有依重他力的淨土宗，淨土是他力，念佛是依仗阿彌陀佛的願力，死後往生淨土繼續修行，更有結合禪宗自力和淨土他力的“禪淨雙修派”。自己努力和有神靈幫助可以並存，不過，我傾向相信自力者容易有他力相助，此所謂“自助者天助也”。

當然，不同宗教的教義也真的有對立或矛盾的地方，例如不同宗教對死後有不同的描述，佛教説有輪迴，人會不斷輪迴轉世；但基督教則否定有輪迴，人只有兩世，死後會上天堂或下地獄。我認為佛教講的接近真相，因為有太多輪迴轉世的個案，而我相信當中有部分是真實的。據說《聖經》最初也有輪迴的記載，只是後來被刪掉，但仍殘留一些痕跡，例如耶穌說在亞伯拉罕出生之前自己已經存在，其實這是講他的前世；又例如，替耶穌施洗的約翰有舊約時期以利亞的"心智"，所謂心智就是靈魂，換言之，約翰的前世正是以利亞。還有，被稱為"沉睡預言者"的愛德加・凱西（Edgar Cayce），活躍於二十世紀初期，是一位具有靈能力的基督徒，受催眠之後講述了很多輪迴轉世的內容，他曾準確預言有兩位美國總統死於任內，及第四十四任美國總統是黑人，這正是奧巴馬（Barack Obama）。

很多教徒對都視其宗教經典為神聖不可侵犯，即使有荒謬和悖理之處，仍加以維護。其實這些經典很多都不是教主所寫，是教主死後才由門徒結集而成，就以《聖經》為例，多數是門徒記錄耶穌的言行，但當中真的沒有任何誤載或遺留嗎？也許門徒會加入一些個人的詮釋，加上《聖經》經過多次的刪改和編排，跟最初的版本已有很大的出入。佛經也有類似的問題，雖然佛經是由佛親口所述，開首都是"如是我聞"，但門徒的記憶真的可靠嗎？尤其是很多佛經是口傳了很久才結集成書的。

宗教的功過

有人認為雖然上帝不存在，但宗教還有它的重要功能，就是導人向善，賦予人生意義，維繫社會。古希臘的政治家克利提亞斯（Kleitias）早就說過，宗教不過是統治的手段，神靈是有智慧的人編造出來，用來約束人的行為，維持社會秩序，以補政治和法律的不足，也可以說，宗教只是政治的延續。前面提到，法國實證主義者孔德就試圖建立無神論的宗教，也許他應該參考孔子的儒家思想，嚴格來說，儒家不是宗教，因為它沒有肯定死後的世界，卻擁有宗教的功能。但我認為孔子其實是深具這方面的知識，根據日本學者白川靜的考證，孔子乃巫女之子，他說過“祭如在，祭神如神在”，卻罕言“性與天道”等形上的事物，也不願多談死後的事，他只想立足於現世，憑努力完成人格的修養，這也是孔子的獨特和偉大之處，無需訴諸鬼神仍能安身立命。

以《自私的基因》（*The Selfish Gene*）一書聞名的作者道金斯（Richard Dawkins），在美國 911 襲擊之後，對宗教的各種錯誤做了一番研究，寫成了《上帝的錯覺》（*The God Delusion*）一書，他的結論是如果沒有宗教的話，這個世界可能會更好。其實對於宗教的惡行，包括宗教迫害、審判、戰爭，以及像塔利班、阿爾蓋達和伊斯蘭國等恐怖組織，古羅馬詩人盧克萊修（Lucretius）早就提出了警告。但我認為不可以就此否定宗教的價值，宗教的惡行多數源於人類的問題，而宗教之間的衝突，也未必不可以化解。大概由於太多宗教上的紛爭和仇恨，倒不如放棄宗教，民國時期的教育家蔡元培也主張以藝術代替宗教，但宗教是難以替代的。宗教衝突固然給人類帶來很大的禍害，但否定宗教，主張唯物論會造成更大的禍害，因為那是損害人的靈魂。

宗教必涉及神靈和死後的世界，孔德的無神論宗教注定失敗，就像無神論的基督教和唯物論的佛教一樣，必定是自我推翻。幾年前才過世的美國哲學家德沃金（Ronald Dworkin）有本書叫做《沒有神的宗教》（*Religion without God*），嘗試探討一種沒有神的宗教。也許這些人都是出於一片好心，想保留宗教好的東西，揚棄宗教不好的成分，例如為了神的不同名字而發動的宗教戰爭，將自己以外的其他宗教説成是魔鬼的宗教。

不過，我倒有一點同意孔德，就是像科學一樣，宗教也會不斷創新和進步。宗教講述的真理亦必須配合時代，否則就難以打動人心；但隨着時代的轉變，宗教的歷史包袱也越來越重，而且很多教義都顯得不合事宜，必須作出改革才可以繼續發揮宗教的指導功能，以下就簡單檢視一下基督教和佛教這兩大宗教有甚麼問題。

宗教需配合時代

相信沒有一個宗教像基督教般遭遇那麼多批評，但這並不表示其他宗教就沒有悖理之處，也許是基督教太過“進取”，以致樹敵太多。事實上，一神教多是霸道、排他性強，就舉兩個日常例子作為佐證，香港有一個電視清談節目，間中會講一些靈異事件，其中一集提到外國有小孩上天堂見到耶穌，節目的嘉賓是一位牧師，他就以這個為證據證明基督教所講的天堂是事實，因為小孩不會說謊；但牧師卻同時否定一些小孩有前生記憶的個案，這正是雙重標準。又例如，有一次去女兒學校的佈道會，牧師說雖然宗教是導人向善，但只有通過耶穌才能令人生命有所轉變，然後她舉了幾個例子，但問題是相同的證據也可以在其他宗教找到，排斥了所有不利於其宗教信仰的證據，變成了封閉系統。

相比之下，佛教比較寬容，較少排他性，但佛教也有其隱憂。在思想層面，佛學越來越哲學化，變成了思辯遊戲，失去了實踐的意義，有些人甚至視佛教的輪迴和對死後世界的描述為迷信，這種哲學化只會將我們導向無聊瑣碎的哲學爭論之中，而無助於發揮佛教的拯救功能。而作為宗教的佛教，也變得形式化，缺乏反省和開創的力量。

基督教的精華在於“愛”，佛教的重點就是“悟”，我期望新型的宗教能夠將兩者結合起來，一個強調“愛與悟”的宗教。未來的宗教需要將信仰跟理性和知性結合起來，這樣就能化解不少宗教之間的衝突，也使宗教能夠接上科學。

關鍵字再思考　**本體論論證 / 宇宙論論證 / 設計論論證 / 神蹟 / 唯物論 / 宗教衝突 / 宗教的改進**

相關篇章　**死亡　自殺　恐懼**

這是我一件關於宗教的作品，叫做《掛 / 住》，畫中的大十架代表基督教，而小十字架則代表耶穌，至於掛在十字架的佛珠則代表佛教。我認為這兩個宗教正好互相補足，並期望它們可以結合成為新的宗教，引領人類的文明繼續前進。

題目：《掛 / 住》(2009)

作者：梁光耀
原作物料：油彩
尺寸：49 × 61 cm

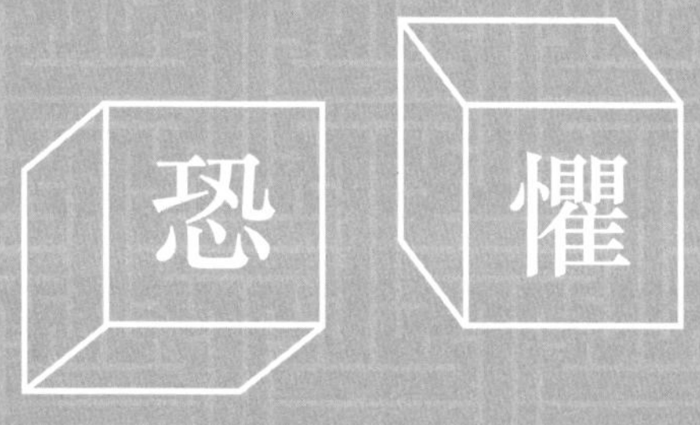

“恐懼伴隨着的困難和苦痛，

正是靈魂修行的食糧”

我讀小學候有兩個最大的恐懼，一是恐懼測驗和考試，二是恐懼被父親打。但別誤會我的成績很差，或是一個很頑皮的兒童；相反，我的名次常在三甲之內，也十分"聽話"。打的原因主要是父親要拿孩子出氣，所以只是一些小事也會觸怒他，但一直我都不大清楚恐懼考試的原因。

後來我跟其他人說起，原來很多人也有考試“恐懼症”，那種恐懼真的很大很深，就跟上刑場的感覺差不多。很奇怪，當你發現這種恐懼不是你所獨有時，恐懼感就會降低。但如果說恐懼考試是由於可能出現的壞後果，按道理不應會那麼恐懼，這種恐懼似乎是源於成績要好的壓力，而這種壓力背後則有着深層的文化因素，那就是中國人講的“萬般皆下品，唯有讀書高”，經千多年以來科舉考試的沉澱，成為了中國人的集體恐懼。這樣說來，我恐懼被父親打，也有着文化的成因，那就是君主專制，君主專制不但造就了政治上的“暴君”，也會帶來家庭的“暴君”。

以上兩種恐懼都是不應該存在的，因為它會削弱人的自主性，屈從於不合理的制度。但並不是所有恐懼都是不好的，有時恐懼能令我們免受傷害，例如對危險的恐懼，一個對任何危險都無懼的人，似乎並不值得我們效法。有時恐懼會令我們更加謹慎和努力，避免不幸的事，例如有很多人都害怕見牙醫（因為修補牙齒很痛），要避免這種恐懼，那就要天天刷牙，保持口腔清潔。又例如，我讀中一的時候，發現班上有很多留級生，擔心自己也有可能留級，於是十分勤力讀書，最後竟然考到第一名，也可以說是恐懼帶來的意外收穫。

當然，跟其他小孩子一樣，我小時候也會害怕很多東西，例如怕黑、怕狗、怕鬼、怕老師、怕陌生人、怕當眾說話；某個意義下，成長就是要克服這些恐懼。然而，成年人也有成年人的恐懼，例如怕死、怕老、怕生病、怕財物損失、怕一無所有。由此可見，心靈成長是沒有年齡的限制。

最負面的情緒

在各種負面情緒中，以恐懼和憤怒最嚴重，但一個人不可能長時間處於憤怒的狀態，卻有可能經常活在恐懼之中，看來恐懼比憤怒更具傷害性。電影《星球大戰》（*Star Wars*）中的尤達大師（Master Yoda）有一名句“恐懼是通向黑暗的道路，恐懼帶來憤怒，憤怒帶來仇恨，仇恨帶來苦難。”將恐懼看成是苦難的源頭。恐懼也有不同的形式，有因突發性事件而產生的慌張，又有不怎麼強烈、卻長時間困擾我們的憂慮。恐懼會影響我們的身體，產生健康問題，嚴重的還會導致憂鬱症，有不少患者甚至走上自殺之路。所以我將恐懼列為各種負面情緒的首位。

五種負面情緒

負面情緒對人有傷害性，了解它們的源頭也許能避免或化解。

恐懼	源於將來可能遭遇的不幸
憤怒	源於有人犯了不能接受的錯誤
嫉妒	源於他人擁有我想要的東西
憎恨	源於一些對我們有害的事物
悲傷	源於失去了有價值的東西

大部分恐懼都是有害的，要想辦法對治。要克服恐懼，就要先認識恐懼，了解恐懼的成因，辨別出導致恐懼的事物。正如英國的哲學家洛克所說：“恐懼是一種心病，源於我們擔心未來可能遭遇的不幸。”恐懼多是關乎將來發生的事，那麼，別想那麼多將來的事，不就是可以免除不少恐懼嗎？的確，很多時是越想越恐懼，本來還未發生的事，自己會不斷在腦海想像它發生的過程。

當然，不去想將來可能會發生不幸的事，並不表示它就不會發生，但如果擔心或不擔心是不會影響結果的話，那擔心只會徒添苦惱，比如說會考完了，成績還未公佈，即使擔心也不會改變事實，因恐懼而招致的痛苦，往往比真正的不幸出現時還要大。我想起了耶穌的這句話“一天的難處一天當就夠了”，活在當下也許是減少恐懼的一種方法。

另一個減少恐懼的方法就是增強自己的力量，此所謂“力量越小，恐懼越多；力量越大，恐懼越少”，小孩子特別多恐懼，這就是因為他的力量太小。如果恐懼成績差的話，就要提升學習的能力。當然，我們也可以反過來看，不介意成績，自然無懼於考試；沒有生存的意欲，也就不會懼怕死亡。由此可見，沒有慾望，也就沒有恐懼，不妨在尤達大師的名句前多加一句“慾望生恐懼”，事實上，佛陀也有類似的想法：“貪欲生憂，貪欲生畏；解無貪欲，何憂何畏。”消除貪欲也就是佛教對治恐懼的一個方法。當然，人不可能完全沒有慾望，所以我認為更加基本的方法是佛陀教導的禪定，覺知恐懼的存在，如實觀之，可以減低恐懼的威脅。增強自己的能力就是積聚，亦有助人獲得安定感，就好像浮在水面的冰山，似乎連在大陸架，但其實不是，它的穩定性正來自水底下的一大片看不見的冰山，比水面上看到的多幾十倍，能安定則無恐懼。佛陀所講的布施法門之中有一項叫做“無畏施”，那是助人消除畏懼，例如警察的職責是保障市民的生命和財產，某個意義下講，從事這種工作也是一種“無畏施”。

佛教的布施

布施是菩薩六種修行法門之一，共有三種布施。

財施	施於財物，助人解除厄困
法施	講授佛法真理，使人得益
無畏施	助人消除畏懼和憂慮，心靈安穩

若能像佛教講放下執着，的確能無憂無慮地生活；而道家的逍遙人生，亦有異曲同工之妙，道家的重點在於"忘"。然而，這樣的人生境界卻不容易達到。不過，少一點執着，多一些忘我，的確有助於培養"無懼"的心理狀態。但對普遍人來說，要應付恐懼，還需要其他方法。

不合理的恐懼

有很多恐懼只是源於對事物的無知，因此認知真相就能夠有效消除恐懼，正所謂"杞人憂天"，以為天會塌下來明顯是出於無知，但很多人對於愛滋病患者的恐懼還不是一樣嗎？以為握手也會傳染不是一樣出於無知嗎？還記得 SARS 期間，我只是咳嗽一下，旁邊的人就立刻"彈開"，"無知"和"恐懼"是最佳拍檔。也可以說，這些因無知而產生的恐懼是不合理的恐懼。不過，很多時要認知真相，得付出很大的努力，我有一位朋友十分注重飲食健康，但其實我認為他對有害食物有很大的恐懼，為了確保"安全”，他需要做很多查證的工作，那就要花上不少時間。我認為不一定要認清真相才可判定為不合理的恐懼，只要是沒有事實根據的恐懼也算是不合理的恐懼，也就是我們不應該有的恐懼，正如亞里士多德所講，恐懼的錯誤就是我們恐懼不應該恐懼的東西。有關恐懼的另一個真相就是，我們大部分恐懼的東西其實都不會發生，也可以說，“恐懼”是白廢的，就好像看“鬼片”，最後竟然發現無鬼，白驚一場。明白到這一點，有時也不妨採取置之不理的態度。不過，認知和心理往往會有差距，有時明知沒有危險，但心理上還是會恐懼的，例如在安全的情況下站在很高的地方。有時在確保安全之下，我們甚至可以“享受”恐懼帶來的快感，例如有人喜歡玩“笨豬跳”，我以前也十分喜歡看恐怖電影，可以有助釋放積壓在內心的恐懼。

除了沒有事實根據的恐懼之外，源於錯誤價值判斷的恐懼也算是不合理的恐懼，例如前面我提到中一時對留班的恐懼，就是因為我將留班視為恥辱，但這明顯是錯誤的價值判斷，也誇大了問題的嚴重性。的確，那些所謂“不幸”很多時都被我們誇大了，例如會考考不上人生就會完蛋，還有失戀、失業、患病等等，常常給人“世界末日”的感覺。但只要想像一下比這些更不幸的事，想一想人生其實並不完美，到處充滿缺憾，那就可對這些“不幸”處之泰然，沒有甚麼可以恐懼了。但原來誇大問題嚴重性背後往往有着“強求完美”的心態，弔詭的是，這種心態會令我們不願意嘗試追求，因為既然不能確保“完美”，那為甚麼要做呢？我認識有一位朋友，差不多50歲了，他對很多事都規劃得很好，包括工作、健康和退休的生活，卻從未談過戀愛，但又經常跟我談將來的結婚對象要怎樣、婚後的生活要怎樣安排等的話題，我也勸他應該嘗試一下拍拖，但我看他的問題正是，因為不能確保“完美”而不嘗試追求對象。

有一些恐懼是源於膽怯或懦弱，特別是恐懼失敗；那麼，我們需要的就是勇氣。小時候我害怕當眾說話，但不知為甚麼，有一次竟然被老師選中出外參加講故事比賽，當時真的害怕極了，心想如果有颱風之類的事發生就好了；然而，經過那次之後，就不再那麼恐懼當眾說話了。所以，培養勇氣的方法就是要做自己害怕的事。恐懼失敗令我們不敢嘗試，那麼雖然我們不會失敗，但也無法成功，正所謂“失敗乃成功之母”，要成功就先要失敗，吸取失敗的教訓，改進自己才可獲得成功，這樣看來，最失敗的人生就是從來沒有失敗過，因為沒有作出嘗試。其實害怕失敗，跟強求完美一樣，都有同一個源頭，那就是以自我為中心，所以多一點了解這個世界，關心其他人，也可間接減少恐懼。

接受失敗的勇氣亦即是忍耐，愛迪生忍耐了無數次的失敗，才成功發明電燈泡。要培養勇氣，除了做自己害怕的事之外，也要有明確的目的，舉個例，比起試場，戰場是一個真正令人心生畏懼的地方，但若懷着保衛國家的明確目的，則會勇氣大增。老子也說：“慈，故能令人勇。”子女有生命危險時，父母為了保護子女，往往會產生很大的勇氣，甚至有異於常人的力量。

培養勇氣的方法

做自己害怕的事	很多時都會發現並沒有想像中困難
要有明確的目的	那就不會懼怕困難，勇往直前
發展慈愛之心	那就不會計較個人的得失

恐懼還有甚麼不好呢？恐懼會產生迷信，例如恐懼“13”，認為這個數字會帶來不幸，我發現現在很多大廈都沒有 4 樓和 13 樓，也沒有第 4 座和 13 座，可見迷信的力量，而且感覺上在這方面是越來越迷信，我記得小學時居住的地方正是 13 座 4 樓。英國哲學家羅素認為基督教正是建基於恐懼的宗教，因為不相信上帝就得在地獄受永恆之火的懲罰。羅素指出，對輿論的恐懼會妨礙個人的自由發展，一個人要發展自我，可能會跟社會流行價值觀發生衝突，甚至影響人際關係；但若選擇迎合大眾，則需要放棄了寶貴的自我，這似乎是一個兩難。所謂“人言可畏”，輿論的確會對人造成很大的壓力，有人甚至會抵擋不住壓力而自殺。不過，莊子有一個觀念叫做“外化而內不化”，可能會有助化解這個兩難，外化就是言行上跟社會規範不相違，與人能夠和睦相處，正如莊子所說：“不譴是非，以與世俗處。”既能順從於人，這就是“外化”，亦可保持自我，這就是“內不化”。

外、內的化與不化

	化	不化
外	與世不爭，隨遇而安	堅持己見，不惜與人決裂
內	跟着別人走，完全喪失自己	保持內心的真實

逃避自由

我們可以將恐懼分為兩種，一種是有明確的恐懼對象，即使是幻想出來的，例如鬼怪；另一種則沒有，例如在〈死亡〉那一篇，我們討論過有一種對死亡的恐懼是源於意識的消失，有時我們正在欣賞美麗的風景，也會有一種莫名的恐懼，或許這就是“虛無”的侵襲，但虛無並非一個對象。有些恐懼的對象是可以逃避的，例如猛獸、惡狗和賤人；有些則是不可能逃避的，例如衰老、疾病和死亡。要逃避不可逃避的事是不智的，因為你遲早會面對，而且這種恐懼可能一直潛藏心底，平時沒有察覺，但它會不斷壯大，到有特定事件出現，引發出恐懼就太遲了。

恐懼的分類

恐懼	有明確對象	可以逃避
		不可以逃避
	沒有明確對象	

有人說二十世紀是心理學的時代，其實也可以說是恐懼的年代，可以分為主觀和客觀兩方面來講。主觀心理方面，由於現代社會強調自由，人的自主性大增，人對自己的期望也越大，但遭遇挫敗的機會也越高，因害怕達不到目標而產生大大小小的恐懼。自由選擇帶來恐懼還有另一個意思，當我選擇了這個，就等於放棄了另一個，但可能另一個才有更高的價值，說不定我們一選擇就會後悔，因此害怕選擇。上世紀初著名心理學家佛洛姆（Erich Fromm）寫了一本書叫《逃避自由》（*Escape from Freedom*），就

是想說明這種從傳統和習俗解放出來的自由令人沒有安全感，反而助長了獨裁的納粹政權；因為自由選擇就表示要負上責任，由此帶來壓力和恐懼，所以要逃避自由。二十世紀初出現的存在主義就對人的恐懼和焦慮有深入的剖析，而被喻為存主主義之父的齊克果，寫了一本書叫做《致命的疾病》（*The sickness unto death*），雖然這種致命的疾病是"絕望"，但書中對人類的恐懼和不安有很透徹的分析，預視了二十世紀人類的精神狀況。

自由選擇的恐懼

選擇就意味放棄其他可能性 選擇的目標不一定能夠實現 選擇要承擔責任	▷	帶來壓力、恐懼和不安

客觀環境方面，遠的有環境污染的問題，近的有恐怖主義的襲擊，而且隨時也有核戰爆發的危機，最近幾年就連異常的天災也特別多。911 襲擊之後，美國對心理醫生的需求大增，但心理輔導真的可以消除恐懼嗎？我倒是十分懷疑，我以為這更加是一個思考的問題，意思是用思考就可以解決的問題。我認為不要太依賴心理醫生，應該學習思考，用思考來解決問題，這才是比較徹底的做法。當然，在思想層面解決恐懼並不表示在心理層面不會感到恐懼，因為恐懼是本能性的反應。

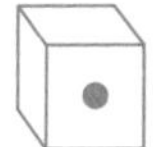

集體的恐懼

恐懼不只是個人，也可以是集體的。記得十多年前，香港就出現了一次全港性的恐懼，那是 SARS 的爆發，所有人都戴上口罩，活在隨時有可能被傳染的恐懼之中，而不戴口罩的人，甚至會被批評為缺乏公德心，現在回想起來，全民戴口罩實是一“奇景”。至於全球性的恐懼，恐怕目前第一位的就是對恐怖主義的恐懼，因為第一，恐怖主義襲擊越來越多，也越來越分散，連香港也有可能是襲擊的對象；第二，恐怖主義襲擊可以沒有特定的對象，這樣就可以營造一種無處不在的恐懼感；第三，越是反恐，恐怖襲擊就越多。有時真的很難相信，會有孕婦在身上綁上炸彈，然後衝入購物商場引爆。為甚麼施襲者會不惜毀掉自己的生命來殺害無辜的人呢？那當然是為了復仇，但仇恨的來源呢？這不就是長期以來西方國家對伊拉克、伊朗和阿富汗等伊斯蘭國家施以不公平的對待，引致憤怒嗎？有時我想，有些國家繞過半個地球去干預別國的文化和宗教，甚至帶來軍隊，難道不是先給他人製造恐懼嗎？從這個角度看，恐怖襲擊所帶來的恐懼正是“恐懼的回贈”。當然，我不是贊成恐怖主義的報復行為，但從世界各地竟然有不少人前來加入“伊斯蘭國”的軍隊，就足以推測背後有着更多人支持這個恐怖主義國家，也反映出西方國家有其不合理之處。

或許對某些人來講，對恐怖主義的恐懼還是不大切身，無關痛癢，不如談一談香港人的恐懼不安罷。近年香港的樓市不斷飆升，即使政府推行了所謂壓抑樓價的“辣招”，當然，影響樓價的因素很多，但我認為一個根本原因就是香港缺乏退休保障，於是不論能力是否足夠，大家都要拚命買樓，有的是為了保值，因為恐懼未來的生活沒有保障；有的是為了自保，因為恐懼未來沒有棲身之所。掉轉頭看，西歐和北歐的人民一般都生活得很寫意，原因之一就是他們有較完善的退休保障，就以德國為例，大部分人 60 歲會退休，然後可以拿到的年金為薪水的百分之五十，這樣只要有工作，他們就不用太憂慮退休後的生活。我認為，如果像香港這樣一個繁榮的地方，有人努力工作了一生，退休後竟然要為生活擔憂的話，那就肯定不是公正的社會。

當然，外在的形勢通常都很難改變，莫說是環境污染和戰爭的威脅，就連退休保障爭取了這麼多年差不多還是原地踏步，強積金只可以說是一個怪胎。要減少恐懼，還得從主體入手。不過，從另一個角度看，恐懼帶來的不安和痛苦，卻可以令我們感到活着的真實性，也許重要的是如何將這種不安轉化為生存的力量。

關鍵字再思考	心靈成長 / 安定感 / 強求完美 / 恐懼失敗 / 逃避自由 / 恐怖主義
相關篇章	死亡　自由　宗教

最能表達“恐懼”這個主題的作品恐怕非孟克（Edvard Munch）的《吶喊》（*The Scream*）莫屬，這是表現主義的風格，畫中的人物因恐懼而變形扭曲，用雙手掩着耳，張大口吼叫，加上強烈的對比色彩、波動的線條和斜線對角的構圖，形成了一個緊張得令人窒息的畫面，仿佛真的聽到畫中人物的無聲吶喊，這正正反映出現代人的高度焦慮和恐懼。

《吶喊》(1893)

作者：孟克
尺寸：74 × 91 cm
現存：奧斯陸美術館

後語

正如前言所講，全書十二篇可分成三組，思考、學習、語言和時間一組；人生、自我、自由和善惡一組；死亡、宗教、自殺和恐懼一組。而每組有一篇主導文章，那就是思考、人生、死亡這三篇，對應着思、生、死三個最有基本重要性的問題，用李天命先生的說法，就是“如何思考得確當靈銳？”、“如何生存得愉快而有意義？”、“如何可以面對死亡而不失寧定安然？”。

最後以下面三句話結束本書：

1. 思者，愛也。

2. 生者，寄也。

3. 死者，歸也。

2017 年 5 月 5 日梁光耀書於澳門